41.-

COMMENT
VIVRE
SA SEXUALITÉ

Dr Gabriel LAURY

COMMENT VIVRE SA SEXUALITÉ

traduit de l'américain par

France-Marie Watkins

LE HAMEAU Editeur
15, rue Savandoni - 75006 Paris
Tél. : 326.99.62

Collection « *Bien dans sa peau* »
dirigée par le Dr Gilbert Tordjman

© Le Hameau, 1977
ISBN : 2-7203-047-0

AVANT-PROPOS

Notre intention est de décrire dans cet ouvrage certains des nombreux mythes sexuels qui ont encore cours aujourd'hui, et de tenter de remettre les choses au point.

Définition.

Nous appelons mythe une croyance erronée partagée par un grand nombre de personnes. Les mythes sexuels ont existé de tout âge, dans les cultures religieuses et athées, dans les sociétés civilisées et primitives. Certains sont pour ainsi dire permanents, d'autres évoluent ou disparaissent.

Des mythes bien établis peuvent à la longue tomber en désuétude. Ainsi les « esprits de la nuit », les incubes et les succubes qui, pendant des siècles, ont été jugés responsables des orgasmes nocturnes chez les deux sexes, ont finalement abandonné le dormeur innocent. De même, de nos jours, le sang menstruel ne semble plus renfermer un pouvoir magique.

Cependant, à mesure que les anciens mythes disparaissent de nouveaux voient le jour. A l'époque victorienne, il était impensable qu'une dame de qualité prît du plaisir aux jeux de l'amour. Aujourd'hui, le nouveau mythe veut que la femme moderne apprécie toutes les formes du comportement sexuel, quels que soient ses sentiments, ses goûts et dégoûts. Si elle est normalement constituée, elle *doit* toujours atteindre l'orgasme. De même, on croit de plus en plus que tous les problèmes sexuels peuvent être guéris par la nouvelle thérapeutique sexuelle, et que l'amour est superflu.

Pourquoi les mythes sont-ils particulièrement fréquents dans tout ce qui touche à la sexualité ?

Ils sont particulièrement fréquents dans le domaine de la sexualité humaine parce que jusqu'à ces derniers temps elle n'était pas enseignée à l'école, de façon officielle et scientifique. De plus, les savants qui ont des notions précises sur la sexualité humaine ont fort peu écrit sur ce sujet et l'ont moins encore enseigné.

Beaucoup de personnes ne se fient pas à leurs connaissances sexuelles alors même qu'elles sont dans le vrai. Certains enfants, plus influencés par leurs camarades que par leurs parents, croient encore aux mythes sexuels même si les parents ou les professionnels leur ont enseigné le contraire.

Aujourd'hui encore, une personne a souvent du mal à obtenir des renseignements sexuels précis.

Elle peut consulter des professionnels, ecclésiastiques, médecins ou professeurs, et découvrir que bien souvent ils sont aussi mal informés et encombrés de mythes qu'elle-même. Il arrive qu'elle hésite à emprunter ou acheter des ouvrages consacrés à l'éducation sexuelle parce qu'elle est gênée de les demander à son libraire ou à la bibliothèque.

Par conséquent les connaissances des gens se limitent à ce qu'ils ont appris par hasard, le plus souvent dans leur jeunesse et de sources douteuses, par exemple des camarades tout aussi mal informés. Ils propagent à leur tour leurs « connaissances », les transmettent à leurs enfants, leurs pairs, leurs élèves ou leurs patients s'ils sont médecins. Ainsi se perpétue l'ignorance sexuelle.

Comment apprend-on les mythes sexuels, dans notre société ?

On peut les apprendre grâce aux magazines, aux livres, aux anecdotes, voire aux plaisanteries ou aux légendes. Des professionnels travaillant pour des revues d'éducation sexuelle ont classé les milliers de questions reçues au courrier au fil des ans. Ils ont rapporté les nombreux mythes auxquels leurs lecteurs faisaient allusion.

Il apparaît par exemple que beaucoup d'hommes craignent sottement les conséquences de la masturbation pour eux-mêmes ou leur descendance. D'autres se demandent si leurs activités sexuelles tout à fait normales ne seraient pas d'une nature pathologique ou perverse.

Des individus, s'adressant à leur médecin, à un

prêtre ou un professeur, peuvent parler de ces fausses croyances. En général, lorsque je fais un cours sur ce sujet, les questions et les commentaires de mes élèves étendent mon répertoire de mythes sexuels. Ainsi une étudiante de vingt ans déclara fièrement à la classe attentive qu'elle souffrait de règles douloureuses parce que l'organe sexuel de son amant était très développé. Une autre croyait que si elle connaissait l'orgasme avant le mariage elle ne pourrait pas en avoir une fois mariée (peut-être était-ce un désir subconscient). Il est assez difficile de savoir à quel point de telles croyances sont répandues.

Quelles sont les conséquences de la croyance aux mythes sexuels ?

La croyance aux mythes sexuels peut être dangereuse tout autant pour la santé physique que mentale. Des individus persuadés que les pilules anti-conceptionnelles les protègent des maladies vénériennes refusent de prendre les précautions les plus élémentaires et risquent par conséquent de contracter ces maladies. Cette croyance est si commune que certains fabricants envisagent de préciser sur leurs emballages : « Ces pilules ne protègent pas des maladies vénériennes. »

Certaines personnes s'inquiètent, éprouvent de l'angoisse ou un sentiment de culpabilité si elles se masturbent ou ont des émissions nocturnes ou en ont eu par le passé. D'autres peuvent renoncer à leur vie sexuelle parce qu'elles sont convaincues d'être « trop vieilles pour ça », ou s'imaginent qu'une rigoureuse chasteté est indispensable après une crise cardiaque.

Les mythes peuvent provoquer de grandes détresses, car beaucoup tendent à devenir des prophéties. Un homme qui croit fermement qu'à quarante ans sa vie sexuelle doit fatalement décliner peut fort bien devenir impuissant à cet âge. De même, une femme qui s'imagine que la ménopause sonne le glas de la vie sexuelle active risque de se désexualiser et d'abandonner tous rapports sexuels.

L'ignorance et la croyance aux mythes influent défavorablement sur les attitudes et le comportement sexuels, et finalement sur le plaisir. Elles sont responsables de bien des misères sexuelles, des difficultés et des frustrations du couple. On ne peut guère espérer d'une personne qu'elle parvienne à une vie sexuelle harmonieuse si elle est mal informée et si la plupart de ses activités et même de ses pensées sexuelles provoquent chez elle un complexe de culpabilité.

Comme l'ignorance sexuelle est encore terriblement répandue, il n'est pas surprenant qu'aux Etats-Unis, par exemple, 50 pour cent au moins des couples mariés souffrent de frustrations et de difficultés sexuelles, et que les couples non mariés ne sont pas plus heureux dans ce domaine. D'autre part, les couples qui se plient à une thérapeutique sexuelle constatent souvent une amélioration de leurs rapports, après les premières séances qui leur ont enseigné quelques faits sexuels fondamentaux.

Aujourd'hui, les gens veulent savourer pleinement leur vie sexuelle et n'ont plus honte de l'avouer. Un récent sondage indique même que plus de 70 pour cent de la population française pense qu'une bonne harmonie sexuelle est indispensable à une union solide et heureuse.

Une bonne information, une réévaluation critique de certains des mythes les plus répandus peuvent nous aider à vivre une réalité sexuelle plus bénéfique et plus harmonieuse.

C'est dans cet esprit, et avec cet espoir, que cet ouvrage a été conçu et écrit.

Dr Gabriel V. LAURY.

I. LA SEXUALITE FEMININE

I

L'HYMEN ET LA PREUVE DE VIRGINITE

MYTHE

Une femme à l'hymen intact est vierge. Une pre-mière pénétration du pénis, qui est difficile et qui cause à la femme des douleurs vaginales et un sai-gnement, est la preuve irréfutable d'un hymen intact.

Il résulte de cette idée qu'une jeune mariée virgi-nale dont l'hymen n'apparaît pas intact risque d'être en butte à la colère et aux soupçons de son mari. Bien des jeunes filles, aussi, s'inquiètent à la pensée que leur hymen pourra ne pas sembler « parfait » à leur futur époux. Dans certaines sociétés contem-poraines, la non-virginité est encore une cause de répudiation.

ORIGINE DU MYTHE

La défloration était, dans les sociétés de l'anti-quité, un acte sacré, accompli par des « défloreurs » sacrés. A Chypre, cela se passait dans le temple

15

d'Aphrodite. Ce droit fut par la suite accordé aux prêtres, aux rois et aux seigneurs (droit du seigneur, droit de cuissage). Le mariage devait être inauguré par un acte rituel : la défloration (d'où la croyance que les rapports sexuels devaient avoir lieu pendant la nuit de noces).

Autrefois, la virginité d'une jeune mariée était impérative, et sa seule preuve un hymen intact. Les mariages avaient lieu beaucoup plus tôt qu'aujourd'hui, parfois même à l'âge de la puberté, âge auquel des rapports sexuels antérieurs auraient été tout à fait insolites. On croyait que la virginité assurait que la femme n'était pas enceinte ni affligée d'une maladie vénérienne, plus redoutée encore que de nos jours puisqu'il n'existait aucun traitement efficace.

De plus, on s'imaginait, bien à tort, que le premier amant d'une femme pouvait laisser sa marque sur l'enfant engendré plus tard par un autre homme. Enfin, la femme était considérée comme le bien le plus précieux du mari. Elle devait donc être parfaite, dans un état immaculé. D'où la nécessité pour la jeune femme d'être vierge.

Aujourd'hui encore, de nombreux hommes sont absolument convaincus qu'ils doivent déflorer au moins une fille dans leur vie, de préférence leur femme.

Dans certains cultures, un drap taché du sang de la défloration était accroché à la fenêtre pour bien montrer à la famille et aux voisins que la jeune mariée était vierge.

RÉALITÉ

Une femme qui se livre à des activités sexuelles peut conserver un hymen intact. Une fille vierge peut ne pas avoir d'hymen intact. Les premiers rapports sexuels ne s'accompagnent pas nécessairement de douleur ni de saignement.

L'hymen, une membrane obstruant en partie le fond du vagin, est présent à un degré plus ou moins important chez toute femme et n'a pas de fonction physiologique connue. La grandeur de l'ouverture hyménale est extrêmement diverse.

Parfois la membrane est épaisse, ne peut être rompue même après plusieurs tentatives, et il faut avoir recours à la chirurgie. Dans d'autres cas, elle est si flexible que des rapports sexuels peuvent avoir lieu sans que l'hymen soit rompu. Il peut être distendu ou crevé par l'emploi des tampons périodiques, par la masturbation avec insertion d'objets ou des doigts, par des caresses génitales trop appuyées ou par des activités sportives violentes.

Il est donc pratiquement impossible, même pour un médecin, de dire avec certitude si une femme a eu ou non des rapports sexuels dans le passé.

Voici un cas d'imprégnation avec un hymen intact : M. et Mme K., un couple de la haute société, étaient mariés depuis cinq ans. Se croyant enceinte, Mme K. consulta un obstétricien. Il lui confirma la grossesse et remarqua un orifice hyménal si petit qu'on pouvait à peine introduire un doigt. Mme K. expliqua, avec quelque embarras, que son mariage n'avait jamais été consommé. Son mari avait l'habitude d'éjaculer entre ses cuisses (rapports interfémoraux) et avait ainsi réussi à la féconder.

Au cours des siècles les femmes, vierges ou non, ont cherché à « prouver » l'intégrité de leur hymen. La précaution la plus sûre était d'avoir à côté du lit de noces un peu de sang de poulet pour tacher les draps.

Tout récemment encore, dans la Tunisie du sud, une femme ayant besoin de se refaire une virginité introduisait un petit scarabée dans son vagin. L'insecte pratiquait deux ou trois morsures, bientôt recouvertes par une croûte. Durant la consommation du mariage la croûte tombait, la blessure saignait un peu et cela suffisait à rassurer le mari triomphant et à le persuader qu'il venait de déflorer sa femme.

Dans nos civilisations occidentales, il arrive que l'on demande à un chirurgien de « reconstruire » un hymen avant un mariage... et il y parvient.

Aujourd'hui encore, on croit fréquemment que la virginité est un signe certain d'intégrité morale et de grande ferveur religieuse. Dans bien des cas, cependant, elle n'est due qu'à un manque de séduction. Certaines filles conservent un hymen intact, tout en se livrant à toutes les activités sexuelles imaginables, à l'exception du coït. Il est curieux de noter que la société se soucie de la virginité jusqu'à un certain âge (chez les jeunes filles) après quoi celle-ci devient sujette à plaisanteries et à ridicule (chez les vieilles filles).

De nos jours, la virginité chez les femmes continue d'être une question hautement controversée. En envisageant le mariage, les deux futurs époux doivent franchement se faire connaître mutuellement leurs opinions, leurs principes moraux, religieux et personnels, et leurs désirs à ce sujet.

II

LES DESIRS SEXUELS
PENDANT LA GROSSESSE

Mythe

Les femmes n'ont pas de désirs sexuels pendant leur grossesse.

Il résulte de cette idée que les activités sexuelles sont réduites au minimum durant cette période. Cela peut provoquer des frustrations et des problèmes graves pour le conjoint ou pour les deux époux.

Origine du mythe

La grossesse est souvent décrite comme le temps de la béatitude où les plus chers désirs de la femme ont été exaucés. On la dépeint si totalement absorbée par sa gestation qu'elle ne peut s'intéresser à d'autres activités. Si son entourage, et son mari en particulier, s'imaginent que la grossesse est un état asexué et paradisiaque, il lui sera très difficile de faire connaître ses désirs sexuels et ces quelques mois peuvent devenir pour elle un aride désert sexuel.

RÉALITÉ

Il est impossible de généraliser, bien entendu, au sujet des désirs sexuels, des besoins et des activités pendant la grossesse, à cause de la nature hautement individualiste de la sexualité humaine. Cependant, il a été démontré que la majorité des femmes continuent d'éprouver ces désirs et ces besoins pendant leur grossesse.

Même si une femme enceinte est tout occupée de l'enfant qu'elle va mettre au monde, surtout si c'est le premier, elle continue d'être mêlée à d'autres activités quotidiennes, son travail par exemple, à l'extérieur ou chez elle, les soins qu'elle doit prodiguer à sa famille, le souci d'elle-même. Et elle continue fréquemment d'éprouver des désirs sexuels qui doivent être satisfaits.

Certaines femmes se sentent déformées par leur grossesse (mais quelques-unes, cependant, se trouvent alors plus belles) et plus tributaires de leur mari. De plus, la femme enceinte s'inquiète de son nouveau rôle : sera-t-elle bonne mère ? Elle se fait du souci pour le bébé : sera-t-il en bonne santé, sera-t-il beau ? Elle s'inquiète de son avenir conjugal : pourra-t-elle garder son mari ?

Dans ces moments critiques, tandis qu'elle subit des changements physiques, psychologiques et hormonaux complexes, elle a plus que jamais besoin d'un soutien émotionnel, d'affection, de chaleur et d'amour. Elle a besoin d'être enlacée, de se sentir désirée par son mari. En fait, la période de grossesse est fréquemment celle où les époux se sentent le plus proches l'un de l'autre.

Il se peut que les moments de désirs sexuels alternent avec l'indifférence. En général, les désirs sexuels et la fréquence des rapports diminuent au cours du troisième trimestre.

Quelques femmes enceintes voient décroître leurs désirs sexuels. Leur mari peut se plier volontiers à leurs souhaits parce qu'ils veulent faire plaisir à leur femme, ou pensent qu'ils ont suffisamment prouvé leur virilité en la fécondant. Il se peut aussi qu'ils aient peur de faire mal au fœtus, ou encore qu'ils soient peu enclins à la sexualité.

Parfois c'est la femme qui se plaint que son mari ne soit pas intéressé par les rapports sexuels pendant leur grossesse. Il est certain que quelques hommes ont de l'aversion pour l'aspect physique d'une femme enceinte. Ils ne peuvent plus faire l'amour avec une personne aussi différente à leurs yeux que la femme qu'ils ont épousée.

D'autres femmes sont violemment excitées pendant leur grossesse, comme si elles voulaient avoir la preuve sexuelle qu'elles n'ont rien perdu de leur pouvoir de séduction. Certains hommes sont extrêmement excités par les femmes enceintes et des études ont montré que des femmes, même aux derniers stades de leur grossesse, réussissent à avoir des liaisons extra-conjugales.

Pour nous résumer, chaque femme réagit différemment, du point de vue sexuel, à sa grossesse. Plutôt
que de croire aux idées reçues ou à la « sagesse »
des autres, les époux qui veulent profondément se
faire plaisir mutuellement doivent se communiquer
leurs sentiments sur ces questions, afin de continuer
à jouir de leur activité sexuelle durant cette période,
s'ils le désirent tous les deux.

II. LA SEXUALITE MASCULINE

I

TAILLE DU PENIS

MYTHE

Beaucoup d'hommes croient que leur pénis est plus petit que la moyenne.

Naturellement, ils s'en inquiètent. Ils ne veulent pas qu'il soit vu ou touché quand il est à l'état de repos. Ils risquent, par une angoisse irraisonnée et un complexe d'infériorité sexuelle, de se priver de tout plaisir physique. Certains vont jusqu'à se refuser à toute activité coïtale, parce qu'ils s'imaginent qu'une femme ne peut être satisfaite par un homme dont le pénis est petit.

ORIGINE DU MYTHE

Nous vivons dans une « phallocratie » où le phallus est considéré comme un organe « noble » d'une importance capitale. Aussi les hommes s'inquiètent-ils de savoir si le leur est d'une taille normale.

Au cours de l'adolescence, les garçons se développent différemment. La mue, l'apparition des poils pubiens et axillaires, le développement des organes génitaux ne se produisent pas au même âge pour tous. Ils observent donc avec un intérêt marqué la progression de la puberté chez les uns et les autres. Ils remarquent que Francis a maintenant une voix grave et que Jules doit déjà se raser. Dans les douches, les vestiaires, partout où ils en ont l'occasion, ils évaluent la taille du pénis de leurs camarades et les comparent au leur. Si la comparaison ne tourne pas à leur avantage, ils peuvent se sentir sexuellement inaptes, et conserver cette impression jusqu'à l'âge adulte. De plus certains adolescents se vantent de la taille énorme de leur membre viril, et leurs camarades crédules et inquiets se laissent impressionner.

Le souci du petit pénis semble s'être accru avec la prolifération de la pornographie. Dans les livres, les magazines, les films pornographiques, le phallus est toujours représenté d'une taille énorme, supérieure à la moyenne (tout comme les seins des femmes). Si le spectateur ou le lecteur compare ces organes gigantesques au sien, il est porté à penser que la nature ne l'a pas gâté ; cela peut provoquer ou accroître l'angoisse, la peur d'être sexuellement sous-développé.

RÉALITÉ

L'immense majorité des hommes navrés de leur

petitesse possèdent un pénis normal (de 6 à 11,5 centimètres au repos). Il peut parfois être plus petit que la moyenne à l'état flasque mais la différence est rarement visible lors de l'érection. Il arrive même que des hommes au pénis plus petit atteignent lors de l'érection une longueur plus grande que ceux dont le membre est plus grand. Quoi qu'il en soit la médecine ne connaît aucun remède pour augmenter la taille d'un pénis adulte.

Certains hommes consentent à se montrer nus à leur partenaire uniquement quand ils sont en érection. Autrement ils sont « pudiques », simplement parce qu'ils ont honte de la petitesse supposée de leur organe. Les obèses semblent avoir un petit pénis, mais c'est seulement un effet d'optique causé par l'abdomen protubérant.

Alors que certains hommes se désespèrent parce qu'ils croient avoir un petit pénis, d'autres se sentent également malheureux pour la raison opposée.

Frédéric est allé consulter un sexologue, pour soigner son impuissance. Il a indiqué que son pénis flasque était objectivement plus gros que la moyenne. Ses partenaires sexuelles étaient cependant déçues, en découvrant qu'une fois en érection il était « seulement » d'une taille moyenne. Frédéric a déclaré qu'il préférerait avoit un pénis plus petit, ainsi les femmes ne seraient pas déçues.

En ce qui concerne l'activité sexuelle proprement dite, ce qui importe ce n'est pas la taille du pénis mais la manière de s'en servir, et pendant combien de temps, ainsi que la qualité des préambules érotiques et les rapports amoureux entre les partenaires. Ainsi l'homme qui a un petit pénis peut être sexuellement meilleur que celui qui a un long phallus mais qui souffre d'éjaculation précoce ou d'impuissance. En réalité, le vagin se dilate seulement selon la taille du pénis qui y est introduit, et peut ainsi recevoir des membres de diverses tailles.

Beaucoup de jeunes gens (garçons et filles) n'ont pas conscience des séquences normales de leur développement physiologiques aux approches de la puberté. Ils doivent par conséquent être éduqués dans ce domaine, et apprendre à reconnaître que la puberté ne commence pas pour tout le monde au même âge et que le degré de développement varie d'une personne à l'autre.

Cette attitude plus rationnelle réduira le nombre de gens qui s'inquiètent à tort de leur aspect corporel en général et plus spécifiquement de la taille de leur pénis ou de leurs seins.

II

L'ERECTION MATINALE

Mythe

L'érection matinale est due à une distension de la vessie. Le pénis en érection est empli d'urine et, pour cette raison, cet état est parfois appelé le « château d'eau ».

En conséquence, le pénis en érection au réveil est uniquement considéré comme un organe excréteur et non sexuel, et n'est pas employé pour des activités sexuelles. De plus, des hommes impuissants n'ont souvent pas conscience que l'érection matinale indique qu'ils n'ont pas perdu leur aptitude aux rapports sexuels.

Origine du mythe

Occasionnellement, les hommes se réveillent avec le pénis en érection. Après une nuit de sommeil, leur vessie s'est emplie d'urine. Ils vont aux toilettes, vident leur vessie et retournent dans leur chambre avec un pénis flasque.

Ainsi, l'érection est présente quand la vessie est pleine. Elle disparaît quand elle a été vidée. On en conclut donc que le remplissage de la vessie a causé l'érection.

RÉALITÉ

L'érection matinale peut coïncider avec une vessie pleine mais n'est pas causée par cela.

Des études récentes ont démontré que le sommeil n'est pas uniforme durant toute la nuit. Un stade accompagné de rapides mouvements des yeux se répète quatre ou cinq fois par nuit et représente près de 25 pour cent du sommeil. Il est caractérisé par des rêves précis, des activités musculaires, des ondes cervicales typiques (EEG), des variations du pouls et de la respiration et une érection partielle ou totale (ou une lubrification vaginale chez les femmes).

Les érections nocturnes ne sont pas nécessairement provoquées par des rêves érotiques ni en rapport avec un orgasme récent. Si le dormeur se réveille, ou est réveillé, durant le stade des mouvements oculaires rapides, son pénis peut donner des signes de tumescence ou d'érection. S'il se réveille au matin durant un stade de mouvements oculaires, il peut avoir une érection matinale.

Un soir M. A., malgré les allusions répétées et les avances de sa femme lui déclara qu'il était trop fatigué pour songer au coït. Frustrée, Mme A. se réveilla au milieu de la nuit et remarqua que son mari avait une forte érection et s'agitait dans le lit. Furieuse, elle le réveilla et l'accusa de « la tromper avec une autre femme dans ses rêves érotiques ». Abusée par l'idée reçue qu'un homme peut provoquer une érection par la force de sa volonté, elle l'enjoignit rageusement de faire immédiatement l'amour « s'il l'aimait encore ». Comme il se montra incapable d'obtempérer sous la contrainte, le reste de la nuit se passa en aigres discussions stériles.

Quand un malade se plaint d'impuissance, le médecin l'interroge sur ses érections matinales. Il sait que les érections, pendant le sommeil ou au réveil, ne se produisent généralement pas si l'impuissance est causée par des problèmes organiques. La thérapeutique sexuelle aura de meilleures chances de réussir chez un individu ayant des érections matinales car le phénomène lui prouve que son aptitude au coït est intacte.

Certains hommes profitent de leur érection matinale, se hâtent de réveiller leur femme et tentent d'avoir des rapports avec elle. Une épouse mal réveillée et insuffisamment excitée peut être blessée de cet assaut.

Pour nous résumer, l'érection matinale est un phénomène connu chez les garçons et les hommes sains. Si, à d'autres moments, l'homme éprouve des difficultés à avoir une érection il serait sans doute sage que le couple en discute franchement et voie s'il ne vaudrait pas mieux profiter de cette érection matinale.

III

EMISSIONS NOCTURNES

MYTHE

Les émissions nocturnes sont un signe de faiblesse physique et drainent chez un homme son énergie mentale et physique.

En conséquence, les parents sont inquiets quand ils s'aperçoivent que les draps et le pyjama de leur fils sont souillés d'une substance blanchâtre. L'adolescent lui-même peut être effrayé et honteux en découvrant une « carte de France », comme on dit.

Havelock Ellis, dans son autobiographie, décrit sa terreur lorsque, tout jeune homme, il lut un ouvrage sur les conséquences de la « spermatorrhée ». L'auteur déclarait que les émissions involontaires pouvaient faire perdre leurs facultés naturelles aux organes sexuels, provoquer l'insanité et même la mort par épuisement du cerveau. Pendant les années, le malheureux Ellis affolé tint un répertoire de ses « pollutions » nocturnes. Il devint par la suite un éminent sexologue.

COMMENT VIVRE SA SEXUALITE

ORIGINE DU MYTHE

Beaucoup d'hommes ont une très haute opinion de leurs organes génitaux. Ils tendent à considérer le sperme qu'ils émettent comme une substance extrêmement précieuse, le « nectar et la quintessence de la virilité » : « Celui chez qui la semence reste dans le corps n'a plus à craindre la mort ». Il ne faut donc pas la gaspiller en vain.

De plus, les émissions nocturnes peuvent causer de l'inquiétude parce qu'elles représentent un débouché sexuel que la volonté ne contrôle pas. Ainsi un homme peut craindre d'être vidé de son sperme contre son gré et sans même en avoir conscience.

Au Moyen-Age, on en rendait responsable un démon, le succube, qui s'introduisait la nuit dans le lit du dormeur innocent et provoquait la « pollution ». Naturellement, on ne pouvait attendre que les conséquences les plus redoutables du commerce d'un démon avec un être humain.

On croyait aussi qu'il y avait dans le sperme de minuscules êtres (homoncules) qui avaient besoin d'être nourris dans le sein de la femme pour devenir des enfants. L'angoisse était grande à l'idée de ce qui pourrait arriver à l'homoncule après des « pertes séminales involontaires », car la superstition voulait qu'il devînt une sorcière.

Certains pensent que pendant le coït il se produit un sain échange d'humeurs entre l'homme et la

35

femme. Cet échange ne survient pas dans le cas de l'émission nocturne (ni au cours de la masturbation). Ainsi, un homme peut craindre que la perte sans compensation d'humeur mâle provoque de graves conséquences physiques.

Les garçons qui n'ont pas été convenablement préparés aux émissions involontaires qui peuvent se produire, se sentent souvent anormaux et honteux quand ils se réveillent dans un pyjama poisseux. Ils risquent d'être angoissés, affolés par les éventuels troubles de santé résultant de ces émissions.

RÉALITÉ

Ces émissions se produisent pendant le sommeil, sans aucune stimulation mécanique intentionnelle du corps. Elles peuvent s'accompagner ou non d'un rêve érotique. En moyenne elles apparaissent un an environ après le début de la puberté. C'est un phénomène quasi-universel, puisque 90 pour cent des hommes en ont. Elles se retrouvent aussi dans toutes les sociétés.

Elles se produisent sans distinction, que l'homme ou le garçon soit continent ou non. On les constate en fait chez 50 pour cent des hommes mariés. Elles ne provoquent aucune incidence fâcheuse, physique ou mentale, à part l'anxiété de ceux qui croient fermement à leur danger (par exemple, le syndrome de Dhat en Inde).

Certains rêves érotiques ont un contenu incestueux, homosexuel ou sado-masochiste qui peut être extrêmement bouleversant pour le rêveur. Il n'y a absolument rien qu'il puisse faire pour empêcher ces rêves de survenir, et il ne doit pas en ressentir de culpabilité. Il faut qu'il se répète que les rêves ne sont que des rêves et ne représentent pas la réalité.

Certains hommes considèrent une émission nocturne comme une jouissance plus agréable encore que le coït normal, à cause de l'aspect fantastique, étrange, imprévisible et irréel du rêve qui l'accompagne. Avant de s'endormir ils concentrent leurs pensées, volontairement, sur des fantasmes érotiques, dans l'espoir que cela provoquera un rêve aboutissant à un orgasme. Certains affirment qu'il leur est arrivé d'y réussir. D'autres se plaignent de leur frustration quand ils ont un rêve érotique, approchent de l'orgasme et se réveillent soudain avec la désagréable sensation de tension sexuelle non soulagée.

Les parents doivent préparer leur fils à l'apparition possible de « rêves humides ». Ils doivent lui expliquer que ces rêves sont normaux, que cela arrive à tous les garçons, ne fait pas de mal et n'a pas le moindre rapport avec la faiblesse physique, la perte de volonté ou la dépravation sexuelle.

III. LA SEXUALITE DU COUPLE

I

POSITION SUPERIEURE DE L'HOMME PENDANT LE COIT

MYTHE

La position sexuelle normale exige que l'homme se couche sur la femme.

En conséquence, de nombreux couples qui n'utilisent que cette position risquent bientôt d'avoir à résoudre des problèmes d'ennui sexuel. Si par hasard ils essayent d'autres positions, ils peuvent se sentir coupables de perversion.

ORIGINE DU MYTHE

Presque toutes les religions prescrivent que les rapports sexuels doivent avoir une fonction reproductrice. On en a déduit que ces rapports n'ont pas besoin de procurer du plaisir. De plus l'homme, ayant une âme, ne doit pas s'accoupler de la même façon que les animaux. La position supérieure de l'homme était donc recommandée alors que la position par l'arrière ou en levrette était prohibée et jugée bestiale (en latin *more canino*).

41

Anatole France a évoqué dans ses écrits humoristiques les vertueuses épouses dont la chemise de nuit avait un petit trou, situé dans la région pelvienne, pour permettre l'introduction du pénis. Cette pénétration dont le but était purement procréateur pouvait ainsi se faire sans aucun des plaisirs provoqués par le contact de deux corps nus. A vrai dire, de telles chemises étaient portées au Moyen-Age quand la position supérieure de l'homme était de rigueur.

Les gens « civilisés » adoptent le plus communément cette position, d'où l'idée que c'est la seule « normale ». De plus, ces gens en ont été les prosélytes. On dit qu'à Hawaï les missionnaires chrétiens ont donné à leur insu leur nom à cette position. Remarquant le côté «obscène» des nombreuses positions copulatives des indigènes ils recommandèrent la seule qu'ils jugeaient acceptable : l'homme dessus.

D'autres auteurs penchent pour l'explication contraire. Les domestiques hawaiens observèrent les missionnaires dans leurs activités les plus intimes. Ils remarquèrent avec étonnement que leurs maîtres n'employaient qu'une seule position, qui leur était inconnue, et qu'ils « baptisèrent » la position du missionnaire.

RÉALITÉ

Aucune position sexuelle n'est plus normale qu'une autre. Les époux doivent employer celle qui leur convient le mieux, qu'ils apprécient le plus et qui les met le plus à l'aise. Chaque position a ses avantages et ses inconvénients.

La position de l'homme dessus, appelée aussi du « mâle dominateur », ou face à face, est plus apte à aboutir à la grossesse. Elle permet à l'homme d'être actif et de régler la cadence ; cependant il lui est difficile ainsi de stimuler le clitoris de la femme. De plus, les mouvements de celle-ci sont restreints, ce qui peut lui déplaire ou non. Elle doit aussi supporter le poids de son partenaire, à moins qu'il prenne appui sur ses coudes ou ses mains pour se soulever.

La position du missionnaire ne devrait pas être adoptée par l'homme qui a du mal à contrôler son éjaculation. Dans ce cas-là, il est préférable que la femme prenne la position dominante.

Elle n'est pas recommandée non plus durant une grossesse avancée. A ce moment, les époux préféreront une position latérale ou, plus rarement, celle de la femme dessus.

On doit essayer des positions nouvelles. Les époux doivent se communiquer leurs sentiments, quand ils abordent une nouveauté : est-ce que cela leur plaît, peut-on l'améliorer, combien de temps peuvent-ils se sentir à l'aise dans une telle position ? Ainsi ils enrichiront leur répertoire sexuel et éviteront à la monotonie de s'insinuer dans leur vie conjugale, comme c'est trop souvent le cas. La diversité est en effet le piment de la vie car, comme l'écrivit le fabuliste Lamot, « L'ennui naquit un jour de l'uniformité ».

II

L'ORGASME SIMULTANE

MYTHE

Pour que le coït soit réellement satisfaisant l'or-
gasme doit se produire en même temps chez les deux
partenaires. Si l'on ne parvient pas à ce but, c'est
un signe d'incompatibilité sexuelle.
En conséquence, les couples s'efforcent d'y attein-
dre — parfois difficilement — en croyant que le
succès aboutira à la communion et à la béatitude
sexuelles. L'échec, en revanche, risque de provoquer
des doutes, des accusations mutuelles d'égoïsme
sexuel.

ORIGINE DU MYTHE

Depuis quelques années il s'est développé un véritable « culte » de l'orgasme. On croit que c'est seulement dans l'orgasme que l'on peut atteindre la plé-
nitude sexuelle. Toutes les activités sexuelles qui

44

n'aboutissent pas à l'orgasme sont considérées comme des préludes érotiques. Ainsi deux partenaires parvenant à l'orgasme simultané semblent avoir réussi le nec plus ultra du sexe, la perfection en soi, le nirvana.

Il arrive très souvent que les partenaires conservent l'un envers l'autre une attitude réservée, même après des années de vie conjugale. Ils répugnent à manifester leurs réactions orgasmiques, comme la respiration oppressée, les gémissements, les contractions musculaires, par moments les mouvements convulsifs. (Bien des femmes sont mêmes frigides parce qu'elles ont peur d'effrayer ou de dégoûter leur partenaire par l'ampleur possible de leur réaction orgasmique et leur perte de contrôle.) Une personne peut se sentir plus à l'aise si le partenaire jouit en même temps qu'elle et se trouve par conséquent plus préoccupé de son propre orgasme que de remarquer les réactions de l'autre.

RÉALITÉ

Comme toujours, dans la sélection des activités sexuelles, ce qui compte c'est l'attitude personnelle du couple. S'il désire suivre la dernière mode — dans ce cas l'orgasme simultané — c'est certainement son droit. D'autre part, si un couple ne s'intéresse pas à cette expression sexuelle il ne devrait pas se sentir contraint de la pratiquer.

L'orgasme simultané peut être ressenti lors de chacun des rapports, ou être atteint seulement par hasard.

Pour certains couples, il peut même faire obstacle à la satisfaction sexuelle. La recherche attentive d'indices d'un prochain orgasme du partenaire risque d'empêcher le conjoint de savourer ses propres sensations. De plus, la synchronisation orgasmique peut être difficile à atteindre. Les rythmes, mouvements, gestes et autres manifestations individuelles précédant l'orgasme, ou pendant, peuvent être différents selon les tempéraments, et même s'opposer. Il arrive que, pour atteindre l'orgasme, l'homme préfère avoir recours à des mouvements lents et réguliers alors que la femme exige au même instant des poussées brutales et violentes du pénis.

Dans certains cas même l'orgasme simultané peut laisser la femme insatisfaite. En fait, le mari prévenant s'assure que sa partenaire a été entièrement satisfaite avant de se concentrer sur son propre plaisir.

Les couples ne doivent pas se sentir obligés de se conformer à ce qu'ils croient être l'idéal sexuel de la société. Les activités sexuelles doivent être pratiquées de quelque manière que le couple désire afin d'aboutir à un maximum de jouissance pour les deux partenaires, à la condition que ces activités ne provoquent aucun dommage physiologique ou psychologique chez l'un comme chez l'autre.

III

RETRAIT ET CONTRACEPTION

MYTHE

Le retrait du pénis du vagin pendant le coït pour éjaculer uniquement à l'extérieur est une méthode de contraception infaillible.

En conséquence, beaucoup de femmes croient à cette infaillibilité et se retrouvent enceintes. De plus, l'homme qui a consciencieusement pratiqué le retrait accusera alors sa partenaire d'infidélité.

ORIGINE DU MYTHE

Il paraît logique de penser que si le sperme est déposé à l'extérieur du vagin, aucun spermatozoïde ne pourra atteindre et féconder l'ovule.

Cette méthode est vieille comme le monde, et elle a été réprouvée dans la Bible. Le « crime » d'Onan avait été de verser sa semence sur le sol pour éviter d'imprégner sa femme, la veuve de son frère. Elle est aussi fort répandue, et l'on a découvert qu'elle

47

était pratiquée par des tribus extrêmement primitives d'Afrique. Bien des gens supposent que si une méthode de contraception a été utilisée pendant si longtemps et dans d'aussi nombreuses civilisations ou cultures, cela doit être une preuve de son efficacité.

Les personnes qui refusent de se soucier d'autres formes de contraception sont toutes prêtes à croire que cette méthode « naturelle » est infaillible.

RÉALITÉ

Le retrait, ou *coïtus interruptus,* n'est qu'une des nombreuses méthodes de contraception.

Elle présente l'avantage de n'exiger aucune préparation avant le coït, par exemple l'introduction dans le vagin d'une gelée spermicide ou d'un diaphragme ou stérilet. De plus, il n'est pas nécessaire de s'adresser à un médecin pour se faire prescrire un contraceptif par voie buccale (la pilule) ou placer un appareil intra-utérin. Elle est donc appréciée par les jeunes gens qui prennent en considération sa gratuité.

Malheureusement, elle dépend entièrement de la force de volonté du partenaire masculin. Trop souvent, l'homme est faillible ; un instant d'inattention peut permettre à l'éjaculation de pénétrer dans le système reproductif de la femme (canal utérin). Une seule goutte suffit pour un introduire un nombre phénoménal de spermatozoïdes, puisqu'une seule éjaculation en contient entre 150 et 600 millions.

A l'insu des partenaires, des sécrétions pré-orgasmiques contenant des spermatozoïdes peuvent être émises par le pénis au cours du processus d'érection. Ainsi une femme peut être fécondée même quand son partenaire pratique le retrait ou n'éjacule pas.

De plus, un peu de sperme adhérant au pénis après l'éjaculation peut être introduit dans le vagin si une nouvelle pénétration se produit.

L'homme est généralement assuré de connaître l'orgasme quand il le désire, même s'il éjacule en dehors du vagin. Cette pratique a cependant été incriminée, dans les cas d'éjaculation précoce.

La femme, de son côté, est fréquemment si angoissée à l'idée que son partenaire ne se retirera pas à temps qu'elle ne parvient pas à atteindre l'orgasme. Ainsi cette méthode peut provoquer des problèmes conjugaux.

En résumé, le retrait avant éjaculation vaut certainement mieux que pas de contraception du tout, mais il exige une haute motivation et une grande force de volonté. Mais la méthode est loin d'être infaillible et risque, de plus, d'entraîner des désordres sexuels et des difficultés maritales.

IV

LE COIT PENDANT LA PERIODE DES REGLES
ET LE RISQUE D'INFECTION

MYTHE

Les rapports sexuels durant la période des règles peuvent provoquer des infections des organes génitaux tant chez la femme que chez l'homme. Parfois une femme ayant ses menstrues peut faire tourner le lait et le vin, ou faner les fleurs.

En conséquence, de nombreux conjoints refusent d'avoir des rapports non seulement pendant la période des règles mais durant plusieurs jours après leur fin. Dans certaines sociétés contemporaines primitives, la femme ne peut toucher à la nourriture dans ces moments-là et peut même être contrainte à l'isolement.

ORIGINE DU MYTHE

Si les menstrues sont considérées comme une maladie cyclique, alors la femme qui a ses règles

— c'est-à-dire une femme malade — risque de contaminer son partenaire.

Plusieurs religions interdisent les rapports sexuels pendant les règles. Cette prohibition est mentionnée dans l'Ancien Testament et dans le Coran.

De nombreux individus n'aiment pas non plus la vue ou même la pensée du sang, parce que dans leur esprit il s'associe à la violence, aux blessures et à la souffrance.

Certains auteurs donnent une autre explication : dans des temps reculés, on attribuait au sang menstruel des propriétés surnaturelles. Ainsi, dans certaines sociétés primitives, on croyait qu'une femme ayant ses règles pouvait détruire les insectes nuisibles en se promenant dans les champs. Comme le sang menstruel était jugé sacré, il était interdit d'entrer en contact avec lui, d'où l'interdiction des rapports durant cette période.

RÉALITÉ

Une femme saine qui a ses règles ne peut provoquer d'infection chez son partenaire.

Les couples qui ne répugnent pas à avoir des rapports durant le temps des règles ne courent aucun risque particulier de dommage physique chez l'un ni chez l'autre. Lorsqu'un des partenaires souffre d'une maladie vénérienne, la contagion se produit quel que soit le moment auquel le coït a lieu. De plus, le sang menstruel ne peut influer en aucune façon

51

sur le lait, le vin, les fleurs ou les insectes nuisibles...

Certaines femmes préfèrent avoir des rapports pendant leurs règles parce qu'elle se sentent à l'abri du risque de grossesse ou sont beaucoup plus excitées, sexuellement. D'autres affirment que l'orgasme les soulage des douleurs menstruelles.

Certains couples tiennent à avoir des rapports réguliers, chaque fois que leur désir sexuel est éveillé et sans tenir compte de la menstruation. Dans ce cas, la femme portera parfois un diaphragme pour retenir le flot de sang et l'ôtera après le coït. Il arrive aussi que l'homme préfère porter un préservatif dans ces moments-là. Quelques-uns, cependant, éprouvent un plaisir particulier à avoir des rapports avec une femme en période de menstrues. Certains couples reprennent leurs rapports une fois que l'important flot initial décroît.

Il n'existe aucune raison médicale de s'abstenir des rapports sexuels durant la période des règles ou immédiatement après. Dans notre vie active, nous avons déjà bien peu de temps à consacrer aux activités sexuelles, sans aller encore le limiter arbitrairement.

IV. LA MASTURBATION

I

MASTURBATION MASCULINE

MYTHE

La masturbation affaiblit et provoque une multitude de maladies comme l'acné, des verrues sur la main coupable, la détérioration de la vue, la fatigue générale et l'épilepsie. Elle vide aussi le corps de sa provision limitée de sperme.

De plus, le garçon qui se masturbe met en danger la santé de ses futurs enfants et risque de devenir un éjaculateur précoce à l'âge adulte.

Ainsi ceux qui se livrent à la masturbation se sentent coupables et s'inquiètent de ses effets néfastes.

ORIGINE DU MYTHE

La religion et l'éducation ont provoqué chez la plupart des gens une attitude négative à l'égard de la masturbation.

Si les religions y voyaient un péché, les médecins

55

d'autrefois étaient plus concernés par sa nocivité. Quand ils ignoraient les causes de la plupart des maladies — au temps où les microbes étaient inconnus, par exemple — ils incriminaient les mauvais esprits, et plus tard ce fut la masturbation.

Les autorités médicales des XVIIIᵉ et XIXᵉ siècles estimaient que la suppression et le traitement de l'onanisme (un terme historiquement impropre puisque, selon la Bible, Onan pratiquait le *coït interruptus*) était une de leurs principales missions.

Pour mettre fin à cette pratique, ils recommandaient de se lever très tôt, de se livrer à des exercices physiques réguliers et vigoureux et de dormir sur le dos. Si ces mesures étaient inefficaces, ils avaient recours à des appareils métalliques encerclant le pénis pour le maintenir flasque, à des fils de métal insérés dans le prépuce (infibulation) ou tout simplement à l'ablation du prépuce (circoncision).

Le peuple croyait donc que si les médecins devaient prendre des mesures aussi radicales contre la masturbation cela prouvait bien que les conséquences de cette pratique étaient tout à fait redoutables.

Aujourd'hui encore des adultes, pour empêcher les enfants et les adolescents de se masturber, continuent de les avertir des dangers qu'ils font courir à leur santé en s'abandonnant au « vice solitaire ». L'enfant effrayé risque de conserver cette peur à l'âge adulte et de la transmettre à ses propres enfants en les mettant en garde contre les maux de la masturbation.

Il arrive que des hommes stériles s'imaginent que leur état est dû à une masturbation précoce qui les a privés de leur provision de sperme.

Réalité

Aucune communication scientifique récente n'a révélé que la masturbation provoque une maladie physique ni qu'elle compromet la santé de générations futures. L'éjaculation précoce n'est pas plus fréquente chez les hommes qui se sont masturbés que chez ceux qui ne l'ont jamais fait. Au contraire, la masturbation peut donner des résultats positifs, par exemple quand elle est employée dans le traitement de l'éjaculation précoce.

Elle n'est pas plus fatigante que le coït. Et pourtant, les gens s'inquiètent beaucoup plus des conséquences de la masturbation fréquente que des rapports sexuels fréquents. L'orgasme, qu'il résulte de la masturbation ou du coït, est suivi d'une période de relaxation et souvent du sommeil. Des études physiologiques ont démontré qu'elle ne provoque pas une perte d'énergie durable ou nocive.

La nature elle-même empêche l'excès de masturbation ; peu d'hommes peuvent continuer de se stimuler eux-mêmes puisque la satiété est rapidement atteinte.

Le corps remplace constamment le fluide séminal perdu, par conséquent la masturbation ne peut en aucune façon diminuer ou tarir sa provision de sperme.

Le simple mot de « masturbation » continue de susciter la crainte, de provoquer de fortes émotions négatives. De nouveaux termes ont donc été suggérés, tels que auto-plaisir, activités auto-érotiques ou auto-manipulatives. Aujourd'hui, il est généralement recommandé aux parents de fermer les yeux sur la masturbation de leur enfant. Ils doivent considérer que cela fait tout simplement partie de l'exploration et de la découverte normales du corps.

II

LES FEMMES ET LA MASTURBATION

MYTHE

Les femmes ne se masturbent pas.
En conséquence, celles qui se masturbent se sentent coupables et anormales.

ORIGINE DU MYTHE

Certains considèrent les femmes comme des créatures asexuées, aussi pures que des madones. Il est donc impossible de les imaginer se livrant à la masturbation.

Beaucoup de gens sont persuadés que les femmes n'ont pas de besoins sexuels intenses. Si par hasard cela leur arrivait, elles pourraient facilement trouver un partenaire masculin ; donc elles n'ont pas besoin de se masturber.

Les femmes se masturbent moins que les hommes et, de plus, cela ne laisse aucune trace physique, comme par exemple des draps souillés. Aussi, bien des personnes en concluent à tort que les femmes ne se masturbent pas.

On croit aussi parfois que les rares femmes qui se masturbent sont sexuellement insatiables. Si une femme n'est pas insatiable et si elle paraît normale, il est donc logique de penser qu'elle ne se masturbe pas.

Réalité

Enormément de femmes de tous âges se masturbent, avant et après le mariage, leur nombre allant croissant à mesure qu'elles vieillissent.

La masturbation est peut-être plus rare chez les filles parce que leurs organes génitaux ne sont pas aussi visibles et accessibles que ceux des garçons. Et puis les garçons ont l'habitude de toucher leur pénis, quand ils urinent, alors que les filles ne l'ont pas.

Les filles, contrairement aux garçons, parlent rarement de leurs activités sexuelles et celle qui se masturbe peut donc se juger anormale, parce qu'elle ne sait pas que beaucoup de ses amies se livrent à la même activité.

Enfin les tabous culturels contre tous les aspects de la sexualité sont plus forts pour les filles que pour les garçons et peuvent donc empêcher certaines de se masturber.

Les techniques de masturbation sont beaucoup

plus variées que pour les hommes. Masters et Johnson, après avoir étudié des centaines de femmes, ont conclu qu'il n'en existait pas deux qui se masturbaient de la même façon.

Beaucoup de femmes se masturbent en manipulant diverses parties de leur corps, en particulier le clitoris, les lèvres et, plus rarement, les seins. D'autres frottent leur vulve contre les draps ou un coussin, ou contractent leurs cuisses. Certaines dirigent un jet d'eau sur leur région clitorienne. Dans les îles du Pacifique Sud, les femmes se masturbent en position assise et sans se servir de leurs mains, en pressant et en frottant leur talon contre leur pubis.

Une minorité de femmes affirment qu'elles sont capables de provoquer leur orgasme par la seule vertu de leurs fantasmes sexuels.

L'insertion vaginale se produit environ chez une femme sur cinq. Elle se sert de ses doigts ou de divers objets, une bougie, un légume, un fruit, un petit flacon, etc. L'insertion vaginale est beaucoup plus souvent décrite dans des anecdotes, des plaisanteries, des ouvrages ou des films pornographiques, et dans le vaste répertoire des chansons de salle de garde.

Dernièrement le vibrateur est devenu « à la mode » dans certains foyers. On en trouve de diverses longueurs et couleurs : blancs, noirs, ivoires ou roses. Quelques femmes ont découvert l'orgasme grâce au « pénis électrique ». Certains s'opposent à son usage, craignant que cela ne provoque chez la femme une accoutumance et qu'elle ne s'intéresse plus à son partenaire masculin. L'immense majorité des femmes, cependant, préfèrent les contacts humains à l'anonymat du vibrateur et ne se servent que rarement de cet instrument.

Deux tiers des femmes ont recours à des fantasmes quand elles se masturbent, évoquant le plus souvent des souvenirs érotiques. Les hommes, de leur côté, s'y prêtent beaucoup plus souvent. La plupart des femmes cessent de se masturber quand elles ont atteint l'orgasme mais quelques-unes continuent, et arrivent ainsi à connaître plusieurs orgasmes successifs.

La masturbation à main ou au vibrateur peut être prescrite par les sexologues à une femme anorgasmique (frigide) qui « apprend » ainsi à avoir un orgasme. Le stade suivant sera pour elle d'aboutir à l'orgasme dans les rapports sexuels avec un partenaire.

Des études ont démontré que les femmes qui se sont masturbées avant le mariage sont généralement aptes à aboutir plus vite à l'orgasme coïtal que celles qui ne s'y sont jamais livrées.

Pour nous résumer, une femme n'est pas un être pur et asexué, et ne doit pas se sentir coupable ni anormale si elle se masturbe. La masturbation est tout d'abord une exploration, une découverte du corps, puis elle devient un moyen agréable de soulager la tension sexuelle.

V. L'HOMOSEXUALITE

I

HOMOSEXUALITE MASCULINE : HOMOSEXUEL UNE FOIS, HOMOSEXUEL TOUJOURS

Mythe

On croit qu'une fois qu'une personne a eu des rapports homosexuels avec quelqu'un du même sexe, elle continuera toute sa vie. Les mères sont désespérées quand elles surprennent leur jeune garçon en train de comparer son pénis avec celui de son copain, révélant ainsi son homosexualité.

Origine du mythe

Si l'on croit que l'homosexualité est permanente, incurable et inchangeable, on doit imaginer que tous les homosexuels sont fondamentalement différents des gens « normaux ». On peut en conclure que les homosexuels sont tellement séparés du reste de l'humanité par leur perversion qu'ils appartiennent à une espèce particulière. Ainsi, il devient pratiquement impossible à l'inverti de devenir un être « normal ». Certains homosexuels déclarent même qu'ils ne pourront jamais devenir hétérosexuels et que tout traitement destiné à les rendre « normaux » est contraire à l'éthique et voué à l'échec.

Dans quelques cas des homosexuels, après avoir séduit un adolescent, essayent de le persuader que, puisque ces rapports lui ont plu, il restera homosexuel toute sa vie. Ainsi, ils tentent de l'empêcher de découvrir les plaisirs hétérosexuels, en espérant le garder pour amant.

D'autre part, des psychiatres célèbres croient que la psychothérapie peut amoindrir ou supprimer l'intérêt homosexuel chez les individus ; ils leur apprennent qu'un « homosexuel est un hétérosexuel qui s'ignore », entendant par là que l'hétérosexualité est présente chez tout homosexuel.

RÉALITÉ

Pour commencer, il est difficile de définir un homosexuel. On pourrait dire que l'homosexuel « parfait » ou typique est celui qui n'a jamais eu de rapports avec une personne du sexe opposé et ne s'intéresse qu'aux activités sexuelles avec une personne de son propre sexe. On peut également définir l'hétérosexuel « parfait » comme un individu qui n'a jamais eu de rapports sexuels avec une personne de son sexe et ne s'intéresse sexuellement qu'aux personnes du sexe opposé.

En réalité, un grand nombre d'hétérosexuels ont fait une ou plusieurs expériences homosexuelles. Kinsey a rapporté que plus du tiers des hommes américains, il y a une génération, avaient eu au moins une fois des rapports homosexuels aboutissant à l'orgasme. Malgré tout, l'immense majorité de ces hommes sont devenus des hétérosexuels sains, normaux, sans le secours d'aucun traitement.

Les parents inquiets devraient être rassurés d'apprendre que la plupart des jeunes garçons qui s'amusent à des activités ou des jeux homosexuels deviennent éventuellement des hétérosexuels parfaitement équilibrés.

Les psychiatres soignant des adolescents peuvent parfois demander quels fantasmes accompagnent le plus souvent leur masturbation ; si tous comportent des personnes du même sexe, le psychiatre peut soupçonner des tendances homosexuelles.

En général, on estime qu'environ 4 pour cent de la population masculine est exclusivement homosexuelle.

II

COMMENT RECONNAITRE LES HOMOSEXUELS

MYTHE

Les homosexuels sont facilement reconnaissables. Ils s'habillent de couleurs pastel et portent des pantalons moulants, des bijoux, de nombreuses bagues, des bracelets. Ils parlent d'une manière affectée. Ils ont des gestes et un comportement efféminés caractéristiques. Mentalement, ils sont passifs et physiquement d'apparence frêle. Ils se réunissent dans les lavabos publics et les bars spécialisés. Ils ne se marient pas et aiment les jeunes garçons. Ils n'apportent aucune contribution à notre société.

Professionnellement, ils sont antiquaires, coiffeurs pour dames, décorateurs ou bien possèdent des galeries de tableaux.

ORIGINE DU MYTHE

Les gens ont tendance à penser que les homosexuels sont très différents des êtres normaux. Puisqu'ils sont si différents, ils doivent être aisément reconnus pour ce qu'ils sont. Les hommes « normaux », donc, ne devraient pas avoir à s'inquiéter de leur identité sexuelle puisqu'ils sont si différents des homosexuels.

Le cliché du pédéraste-facile-à-reconnaître a été maintenu vivant par la télévision où les traits particuliers sont exagérés ; au théâtre de boulevard, le public reconnaît immédiatement l'homosexuel de la pièce à son aspect « typique » et par conséquent caricatural.

RÉALITÉ

Certains homosexuels répondent en partie ou tout à fait à cette description. Ils peuvent le faire volontairement pour être reconnus par un autre homosexuel (l'âme sœur) et l'attirer. Cela leur permet d'échapper à leur solitude.

Cependant, l'immense majorité des homosexuels s'habillent et se comportent comme n'importe quels hétérosexuels. On les trouve dans toutes les professions imaginables, y compris le corps médical, le clergé et l'armée. Certains se marient, peut-être pour que leur homosexualité ne soit pas soupçonnée. A l'Institut Kinsey pour la Recherche sexuelle, aux Etats-Unis, on a découvert que dans un groupe d'homosexuels blancs 20 pour cent des hommes et 35 pour cent des femmes étaient ou avaient été mariés.

Certains homosexuels, ou pédérastes, ont des rapports sexuels avec de très jeunes garçons, mais ils représentent une minorité. De même, seule une minorité d'hétérosexuels ont un penchant pour les petites filles.

De nombreux homosexuels ont apporté une contribution significative à la société, par exemple des écrivains comme Oscar Wilde en Angleterre. En général, cependant, les personnalités qui sont homosexuelles ne proclament pas leur « orientation » de peur d'être victimes de l'ostracisme général.

Des rois entourés de mignons comme Henri III, des artistes, des poètes, des écrivains, des musiciens, comme Michel-Ange, Tchaikovsky, T.E. Lawrence, Rimbaud, Verlaine... ne sont que quelques noms cités parmi les homosexuels notoires ou présumés.

III

L'HOMOSEXUALITE CHEZ LES ANIMAUX

MYTHE

Seuls les êtres humains pervertis s'abandonnent à des activités homosexuelles. C'est contre nature, anormal. Il n'y a pas d'exemples d'homosexualité dans le règne animal.

ORIGINE DU MYTHE

Le comportement animal est souvent utilisé à tort pour prouver une idée. Si un comportement humain réprouvé se retrouve chez des animaux, alors les êtres humains qui le manifestent se comportent comme des animaux ; par exemple la position sexuelle « en levrette ». Si ce comportement humain réprouvé ne se retrouve pas chez les animaux, il est jugé anormal ou contre nature. Certaines personnes déclarent que l'homosexualité est contre nature parce qu'elles s'imaginent que ce comporte-

71

ment n'existe pas chez les animaux. En suivant ce raisonnement, on pourrait affirmer aussi que se raser ou faire la cuisine est une activité contre nature puisqu'aucun animal ne s'y livre !

RÉALITÉ

Il existe de nombreux exemples d'homosexualité chez les animaux. Plusieurs zoologues ont traité du comportement homosexuel chez les primates, chimpanzés, macaques, babouins, etc. Les singes mâles s'amusent à se monter mutuellement, avec ou sans insertion du pénis, et pratiquent aussi la masturbation mutuelle. Ces activités homosexuelles sont souvent parallèles à des activités hétérosexuelles. Chez d'autres mammifères aussi, deux animaux du même sexe se montant l'un l'autre ont été observés. Ainsi un taureau peut monter un taurillon et même éjaculer. C'est d'ailleurs un des moyens employés pour obtenir du sperme en vue de l'insémination artificielle.

Pour nous résumer, l'homosexualité existe non seulement dans la plupart des sociétés humaines mais aussi dans le règne animal.

VI. LES PROBLEMES SEXUELS

I

ADAPTATION DES COUPLES
A L'EJACULATION PRECOCE

MYTHE

Quand un homme a des éjaculations précoces, le couple ne peut rien faire pour améliorer la situation.

En conséquence, un désordre occasionnel risque de devenir plus fréquent et même permanent, provoquant en général des frustrations et des difficultés conjugales.

ORIGINE DU MYTHE

Certaines personnes manifestent une attitude fataliste à l'égard des problèmes de santé en général et sexuels en particulier. Elles sont convaincues qu'elles ne peuvent rien faire pour remédier à la situation. Dans certains cas, elles refusent même tout traitement médical. Une telle attitude les empêche de rechercher les causes possibles de leur condition et de les éliminer par un traitement.

75

Si les gens appliquent ce principe à une dysfonction comme l'éjaculation précoce, il s'ensuit qu'ils n'ont pas à se soucier de ce qui la cause. De plus, ils n'ont pas besoin de s'aider eux-mêmes afin d'atteindre leur plein épanouissement sexuel.

RÉALITÉ

On dit que l'éjaculation précoce se produit quand un homme ne peut contrôler suffisamment son éjaculation pour satisfaire sa partenaire dans au moins 50 pour cent des cas, en supposant qu'elle ne souffre elle-même d'aucun désordre sexuel. (Il arrive fréquemment que deux époux souffrent de troubles sexuels.)

Lorsque rien n'est tenté pour combattre l'éjaculation précoce, les rapports sexuels du couple risquent de se détériorer rapidement. Le mari se sent humilié de ne pouvoir contrôler son éjaculation qu'il peut considérer comme un manque de virilité ou une faiblesse physique. Sa femme est insatisfaite puisqu'elle ne peut trouver de plaisir dans de telles circonstances. Tous deux ont donc tendance à espacer ou à éviter le plus possible les rapports conjugaux. Cet état de choses ne fait qu'aggraver les troubles lorsque, finalement, ils tentent d'avoir de nouveau des rapports.

Le couple doit donc affronter conjointement le problème de l'éjaculation précoce et chercher avant tout à s'y adapter de façon satisfaisante. Le principe de base, c'est que ces époux sont capable de se satisfaire mutuellement. Cela exigera l'abnégation et la coopération de deux partenaires aimants, patients et compréhensifs qui désirent ardemment améliorer la situation et qui sont mutuellement tout prêts à donner afin d'obtenir.

L'homme peut essayer de retarder son excitation en cherchant une diversion dans des pensées non sexuelles, par exemple sa déclaration d'impôts (!). Pour la même raison, il devra renoncer à toute stimulation de son pénis et adopter la position inférieure (la femme dessus) en faisant l'amour. Il doit surtout éveiller les sens de sa femme avant la pénétration, qui ne se fera qu'au moment où elle sera déjà proche de l'orgasme. Si elle n'a pas été sexuellement satisfaite quand l'éjaculation se produit, il pourra continuer de la stimuler (manuellement ou autrement) jusqu'à ce qu'elle atteigne l'orgasme.

De son côté la femme, assurée d'avoir un orgasme avant ou après l'éjaculation, sera plus empressée et plus désireuse d'avoir des rapports avec son mari. L'accroissement de la fréquence du coït, en soi, améliore souvent le désordre de l'éjaculation précoce. Elle atténue la sensation d'urgence, l'inévitabilité de l'éjaculation, et aide ainsi l'homme à « durer » plus longtemps.

Si, cependant, ce trouble sexuel ne s'améliore pas après quelques mois d'« auto-traitement », le couple pourra consulter un spécialiste du sexe.

Les résultats de la thérapeutique sexuelle sur les victimes d'éjaculation précoce sont excellents, puisque 90 pour cent des consultants sont pratiquement guéris au bout d'une quinzaine de séances. Il serait donc vraiment navrant de laisser un trouble sexuel guérissable détruire l'harmonie et le bonheur d'une union conjugale.

L'ACTIVITE SEXUELLE
ET LES MALADIES CARDIAQUES

MYTHE

Le coït exige un tel effort physique qu'il peut provoquer une crise cardiaque chez un malade et causer sa mort.

Il en résulte que beaucoup d'individus souffrant de malaises cardiaques renoncent aux rapports sexuels. Parfois la femme, craignant de rester veuve, empêche le malade de se livrer à des relations sexuelles.

Cette abstinence sexuelle partielle ou totale aboutit le plus souvent à des frustrations conjugales, à des conflits et à de la tension.

ORIGINE DU MYTHE

Certaines personnes s'imaginent que l'activité sexuelle est épuisante parce que, après, elles se sentent fatiguées, s'endorment immédiatement et se ressentent encore de leur fatigue le lendemain matin. Et plus elles ont consacré de temps aux activités sexuelles, plus elles se sentent fatiguées le lendemain.

La presse faisant un tel battage quand une personnalité en vue meurt dans les bras d'une petite amie, certains en concluent que les rapports sexuels sont une activité dangereuse, en particulier pour les cardiaques.

Dans bien des cas, le cardiaque se sent momentanément épuisé physiquement, anxieux et déprimé. A ce moment, il aura tendance à considérer les rapports sexuels comme un fardeau physique majeur et désirera les éviter. Il craint aussi pour sa vie, et risque de renoncer à bien des activités, professionnelles aussi bien que sexuelles, qu'il pourrait poursuivre mais qu'il estime dangereuses pour sa santé.

RÉALITÉ

La plupart des malades souffrant de troubles cardiaques peuvent fort bien apprécier les activités coïtales.

Plusieurs semaines après une crise, et une fois qu'il aura repris des activités physiques modérées, le cardiaque peut vraiment reprendre aussi son activité sexuelle avec l'« autorisation » de son médecin. Un sondage révèle que le coït est généralement abandonné après une crise cardiaque et repris au bout de deux à trois mois. Les positions latérale et celle qui place le partenaire en bonne santé sur le dessus sont recommandées et jugées moins fatigantes puisque le cardiaque n'aura pas à supporter le poids de son propre corps.

Les maladies de cœur sont causés par divers facteurs, parmi lesquels le « stress », le mode de vie, l'hérédité, le tabac, le régime et l'obésité. Les activités sexuelles avec le conjoint ne sont pas généralement incriminées, dans la genèse d'une maladie cardiaque.

Durant le stade orgasmique, il se produit une brève élévation de la tension artérielle et une accélération du rythme cardiaque. Ensuite, tout revient rapidement à la normale. Il semble que l'énergie dépensée durant le coït par les couples mariés depuis plusieurs années soit généralement réduite, équivalant à la montée d'un étage ou à toute autre activité quotidienne moyenne.

Les rapports sexuels sont souvent jugés fatigants parce qu'ils ont lieu en général en fin de journée. Ainsi, le temps consacré aux activités sexuelles est volé au sommeil, d'où la fatigue matinale du lendemain. Cela explique pourquoi on se sent plus fatigué si cette activité a duré longtemps.

Les époux devraient se coucher plus tôt que d'habitude, afin d'avoir suffisamment de temps à consacrer à leur activité sexuelle. Ensuite, s'ils s'endorment à leur heure habituelle ils seront aussi reposés que d'ordinaire au réveil.

Il se peut qu'un malade se désintéresse des choses du sexe ou se sente trop faible pour s'y livrer, non pas tellement à cause de son état mais plutôt des effets de certains médicaments prescrits, en particulier les tranquillisants. Une réduction de la dose ou un changement de traitement devrait améliorer la situation.

Certains individus ne perdent pas aisément leur intérêt sexuel. Dans un hôpital militaire, un officier qui venait d'avoir une crise cardiaque grave et qui était encore au lit dans le pavillon des soins intensifs, faisait en vain des propositions à toutes les infirmières. Un jour de visite, laissé sans surveillance pendant quelques minutes, il réussit à tirer sa femme au lit avec lui et lui fit l'amour sans en subir de conséquences néfastes.

Il est intéressant de noter que jusqu'ici la plupart des études et sondages sur les activités sexuelles à la suite de crises cardiaques ont eu pour sujet des hommes. Cela pourrait changer puisque de plus en plus de femmes sont aujourd'hui victimes aussi de malaises cardiaques.

III

LA FRIGIDITE
ET LA DECOUVERTE DE L'ORGASME

MYTHE

Les femmes frigides (ou anorgasmiques) le sont par nature et ne pourront jamais connaître l'orgasme.

En conséquence, une femme peut penser qu'elle n'y peut rien. Elle accepte sa frigidité, ou bien elle continue de chercher l'orgasme qui lui échappe avec de nouveaux partenaires sexuels.

ORIGINE DU MYTHE

Au XIXe siècle, les femmes se divisaient en deux catégories : les dames bien nées qui n'éprouvaient pas de plaisir et les créatures de mauvaise vie qui en éprouvaient. Ces idées reçues imprègnent toujours la pensée contemporaine et aujourd'hui encore bien des gens s'imaginent que le fait de ne pas apprécier les rapports sexuels est chez la femme un signe de vertu.

Une femme qui croit à ce dilemme « madone ou prostituée » risque de craindre que si elle manifeste son plaisir au cours de ses activités sexuelles, son mari ne la respectera plus. De son côté, il ne désire peut-être pas voir sa femme frigide devenir orgasmique, et ne fera rien pour lui apprendre le plaisir, dans la crainte de ne pouvoir toujours la satisfaire et qu'elle se tourne vers d'autres hommes pour assouvir ses appétits sexuels tout neufs.

RÉALITÉ

On peut éprouver beaucoup de plaisir sans pour autant atteindre l'orgasme. Cependant, beaucoup de femmes frigides pensent qu'il leur manque quelque chose et aimeraient connaître l'orgasme. Une femme, sauf dans des cas rares de déficiences organiques, n'est pas constitutionnellement frigide, et peut apprendre à devenir orgasmique, d'elle-même ou avec l'aide d'un partenaire. Si elle ne réussit pas, son partenaire et elle peuvent avoir recours à la thérapeutique sexuelle.

Afin de changer, la femme doit d'abord se dire qu'elle a parfaitement le droit de jouir de sa sexualité. Elle doit cesser de blâmer ses parents, son éducation religieuse ou des expériences passées insatisfaisantes, de ses propres inhibitions et frustrations. Elle doit s'accepter comme un être sexuel, se répéter « mon corps est à moi », et apprendre à développer ses facultés naturelles de donner ou de recevoir du plaisir : cela nécessite un « dialogue » répété entre elle-même et son corps, et ensuite entre son mari et elle.

Le premier pas est de faire connaissance avec son propre corps. Le décor est important ; elle doit avoir du temps devant elle, de la tranquillité. Il faut qu'elle décroche son téléphone, ferme sa porte à clef et se mette à l'aise, dans son lit ou dans un bain. Elle doit chasser de son esprit tout souci susceptible de la détourner de l'exploration de son corps et de la découverte de ses réactions sexuelles. Elle peut essayer la musique douce, s'imaginer qu'elle est en vacances. Avant tout, elle doit apprendre à concentrer son esprit sur des fantasmes sexuels ou des souvenirs excitants.

Nous lui conseillons d'avoir recours à un miroir pour étudier son corps, y compris les organes génitaux, puis de se servir de ses mains pour s'explorer et rechercher ses zones érogènes. Il est parfois plus agréable d'employer un lubrifiant, sur le corps et les organes génitaux, avant de les manipuler. Ensuite, elle devra toucher les différentes régions génitales, et étudier ses diverses sensations tandis qu'elle caresse les grandes lèvres, les petites lèvres, le clitoris et le vagin. En caressant son corps, et en particulier le pubis, d'une main experte, elle commencera à éprouver de l'excitation sexuelle. Mais pour réussir, elle doit être patiente et s'accorder suffisamment de temps et de stimulation.

Dès que l'orgasme s'annonce, elle peut se sentir tendue, mal à l'aise ou coupable, et cesser de se stimuler. Ce serait une erreur, car en atteignant le degré d'excitation sexuelle précédant de peu le soulagement orgasmique, elle provoque une légère congestion de la région pubienne. L'orgasme mettra immédiatement fin à cette sensation désagréable.

Cependant, s'il n'y a pas de relâchement de la tension, elle risque de connaître un certain inconfort qui la poussera peut-être à éviter à l'avenir toute excitation sexuelle. Une fois qu'une femme a permis à son corps de réagir à la stimulation et à aboutir à un presque orgasme, elle trouvera plus facile d'obtenir une réaction similaire à la prochaine occasion.

Une fois que la femme comprend qu'elle peut atteindre l'orgasme par l'auto-stimulation, le couple est plus motivé à rechercher l'orgasme au cours du coït. Maintenant qu'elle a appris comment aboutir au plaisir, elle peut enseigner à son mari son talent nouvellement acquis, dans l'espoir généralement exaucé de parvenir à l'orgasme pendant la copulation. Ce « transfert » de l'orgasme est une tâche délicate, qui exige du temps, de la patience et une tendre coopération.

IV

TRANSEXUELS ET TRAVESTIS

MYTHE

Le transexualisme est la même chose que le trans-vestisme.

En conséquence, ces deux états sont jugés également graves et impossibles à guérir par un traitement psychologique.

ORIGINE DU MYTHE

Des similitudes superficielles entre ces deux désordres peuvent les faire confondre.

Les deux comportements sont difficiles à comprendre. En effet, comment un individu normal pourrait-il désirer se travestir ou, pis encore, changer de sexe ?

De plus, tous deux sont considérés comme des anomalies sexuelles ou perversions, et se rencontrent beaucoup plus fréquemment chez les hommes.

Ajoutons que les transexuels, avant de subir leur opération, s'habillent généralement, tout comme les travestis, avec les vêtements de l'« autre sexe ».

Réalité

Il existe des différences fondamentales entre ces deux « variantes » sexuelles.

Le travesti est un être satisfait de son sexe anatomique, qui aime avoir des rapports avec des partenaires du sexe opposé. Il ne veut pas subir l'ablation de ses organes génitaux. Il éprouve simplement un plaisir sexuel à s'habiller comme le sexe opposé.

Un jeune « homme » renversé par une voiture fut transporté dans un hôpital. La victime encore sans connaissance fut déshabillée et l'on s'aperçut que c'était une femme. Le tube en carton d'un rouleau de papier hygiénique était placé sur son pubis, à l'intérieur de son slip, simulant ainsi la forme d'un pénis. Elle révéla plus tard qu'elle avait chez elle deux garde-robes, une pour chaque sexe. Pour aller à son travail elle s'habillait en femme, autrement elle préférait porter des vêtements d'homme et se faire passer pour un homme. Elle ajouta qu'elle avait un petit ami qui ignorait son « excentricité ».

La conduite du travesti type est généralement inoffensive, pour sa famille comme pour lui. S'il le désire, il peut être soigné, fréquemment avec succès, par exemple au moyen de méthodes de modification de comportement.

Le transexuel masculin se considère comme une femme prisonnière, par un caprice de la nature, d'un corps d'homme. Il désire ardemment subir une opération qui changera son sexe anatomique abhorré, en supprimant ses organes génitaux et en lui fabriquant un vagin. Il veut avoir des partenaires sexuels qui ne soient pas homosexuels. Quand il porte des vêtements du sexe opposé — qu'il estime être son véritable sexe — il ne se sent pas excité mais « normal ». (Depuis dix ans, plus de 3 000 changements de sexe chirurgicaux ont été pratiqués aux Etats-Unis.)

Naguère encore, c'était presque uniquement des hommes qui cherchaient à faire « remodeler » chirurgicalement leur sexe, mais depuis quelque temps le nombre de femmes qui désirent devenir des hommes ne cesse de croître. D'un point de vue chirurgical, les résultats sont bien meilleurs lorsqu'on change un homme en femme que le contraire. On peut « fabriquer » un vagin fonctionnel, mais pas un phallus fonctionnel.

Quand un transexuel tient absolument à changer de sexe, le médecin auquel il s'adresse exige qu'il mène pendant plusieurs mois l'existence de son sexe « futur », travesti compris. En même temps, il ou elle se voit prescrire des hormones sexuelles du sexe opposé. Ainsi, une femme verra pousser sa barbe et un homme ses seins ; ces deux effets sont réversibles alors que l'opération ne l'est pas.

Les transexuels ont des désirs profondément enracinés. Ils tiennent à transformer totalement et

irréversiblement leur identité anatomique. Les médecins, les chirurgiens, les psychiatres ou les psycho-
logues qui ont tenté de les en dissuader ont échoué
dans l'immense majorité des cas.

V

LA SEXUALITE CHEZ L'HOMME APRES 40 ANS

MYTHE

Passé 40 ans, un homme est sexuellement sur son déclin.

En conséquence, si un homme d'un certain âge éprouve à l'occasion des difficultés pour avoir une érection ou éjaculer il en conclut, et sa femme aussi, que son désordre sexuel est irréversible et qu'il a atteint la fin de sa vie sexuelle (andropause).

ORIGINE DU MYTHE

A l'époque actuelle, notre société occidentale a tendance à mettre sur le même plan sexualité et jeunesse. Cette notion est largement diffusée par nos *mass media*. Si un homme d'un certain âge, par exemple un de nos divorcés de plus en plus nombreux, veut trouver une jeune partenaire sexuelle, il risque d'être considéré avec mépris comme « un vieux beau quadragénaire » plutôt que comme un rival égal.

RÉALITÉ

Un homme de quarante ans passés a encore devant lui de longues années de vie sexuelle active et satisfaisante. Une difficulté d'érection occasionnelle peut arriver à tout âge, ne doit pas être dramatisée et ne doit absolument pas sonner le glas de la vie sexuelle d'un couple.

Tout âge a ses avantages, et les hommes de plus de quarante ans ont bien des atouts, dans leurs rapports sexuels. Ils ont appris la patience, ils sont plus expérimentés et compréhensifs que dans leur jeunesse.

Il se peut que la fréquence des éjaculations décroisse légèrement. Après 40 ans, 35 pour cent des hommes pratiquent le coït moins de quatre fois par mois, alors qu'il n'y en a que 28 pour cent à trente ans. Cependant, les hommes d'âge mûr peuvent très souvent conserver une érection beaucoup plus longtemps qu'auparavant. Ils n'éprouvent pas le besoin irrésistible d'éjaculer trop tôt, après la pénétration du pénis dans le vagin.

De plus, ils peuvent ne pas avoir besoin d'éjaculer à chaque coït, comme c'est généralement le cas chez les plus jeunes. Même sans éjaculation, ils peuvent se sentir pleinement satisfaits car ils trouvent un plaisir considérable dans l'intimité et l'assouvissement émotionnel de l'acte sexuel, ainsi que dans la réaction orgasmique de leur partenaire. Comme ils n'ont pas éjaculé, ils peuvent être facilement « réveillés » pour une nouvelle copulation. Ainsi la fréquence du coït peut être maintenue même si le nombre des éjaculations décroît.

Une femme qui apprend ou découvre que son partenaire n'éjacule pas à chaque coït ne doit pas en être troublée ni s'inquiéter. Elle ne doit pas s'imaginer qu'elle a cessé d'être séduisante, ou que son partenaire est anormal ou malade, mais qu'il a atteint l'âge où il est capable de contrôler son éjaculation. En fait, certains éjaculateurs précoces ne deviennent de bons amants qu'une fois la quarantaine passée.

VII. LES "ARTIFICES" SEXUELS

I

FANTASMES EROTIQUES

MYTHE

C'est honteux d'avoir des fantasmes sexuels. Nous devons par conséquent éliminer de notre esprit de telles pensées « impures ». De plus, elles révèlent des rapports sexuels insatisfaisants et un mauvais mariage.

ORIGINE DU MYTHE

On croit souvent que les rêves et les fantasmes se rapprochent de la réalité. Les gens peuvent considérer que l'idée de commettre une mauvaise action est presque aussi grave que sa perpétration réelle. Suivant ce raisonnement, les fantasmes consistant à faire l'amour avec une autre personne équivalent presque à un adultère et sont donc une forme de tromperie. De plus, certains s'imaginent que leur conjoint serait malheureux de connaître leurs fantasmes sexuels, se sentent donc coupables et s'efforcent de chasser ces pensées.

Au cours de l'adolescence, les fantasmes étaient réprimés et jugés mauvais parce que les adultes craignaient qu'ils provoquent la masturbation ; certaines personnes n'ont pas pu se débarrasser de leur sentiment de culpabilité et refoulent leurs fantasmes sexuels.

Réalité

Des individus parfaitement équilibrés et heureux en ménage ont des fantasmes sexuels. On ne doit pas en avoir honte. En fait, ils peuvent représenter un effort, pour ne pas tromper le conjoint et pour sauver l'union. Quand les activités sexuelles sont agréables et variées grâce aux fantasmes sexuels, pourquoi aller chercher ailleurs un autre partenaire ?

Un de nos clients continue d'avoir une activité sexuelle excellente avec sa femme de plus de 60 ans, alors qu'elle est obèse et déformée par les rhumatismes. Durant leurs rapports, il imagine qu'elle est restée la ravissante jeune fille de dix-huit ans qu'il a épousée un demi-siècle plus tôt et cela lui permet d'être extrêmement stimulé. Dans ce cas précis, les deux époux bénéficient des fantasmes du mari.

D'autres conjoints pensent à d'anciens amants ou maîtresses, à des vedettes de cinéma, à des inconnus séduisants. Au lieu de conduire à l'adultère, les fantasmes font tout le contraire, ils permettent d'avoir des amants ou des maîtresses imaginaires si satisfaisants qu'il est inutile d'avoir recours à l'adultère.

Dans certains cas, les fantasmes sexuels sont même recommandés. Les époux peuvent avoir des problèmes financiers, de santé, ou autres. Par conséquent, ils ne sont pas d'humeur à se livrer à des ébats sexuels. S'ils sont capables d'oublier momentanément ces pensées désagréables et de les remplacer par des fantasmes érotiques, ils peuvent s'exciter. Et avoir des rapports plaisants. Cela peut réussir à les détendre et à leur procurer une bonne nuit de sommeil. (Le coït a souvent été appelé le meilleur des somnifères.)

II

EXCITATION DE LA FEMME
PAR LA PORNOGRAPHIE

MYTHE

Une femme n'est pas excitée par la pornographie. Donc il est inutile pour elle de s'exposer à des écrits ou des spectacles érotiques. Ainsi il est normal qu'un homme aille voir des films ou des pièces pornographiques sans sa compagne. De plus, l'immense majorité des livres de nature fortement érotique sont écrits avant tout pour un public masculin.

ORIGINE DU MYTHE

La femme — particulièrement si c'est une vierge ou une mère de famille — est jugée « pure », une vraie madone. Pour certains maris, la femme semble même perdre tout « sex-appeal » quand elle est enceinte ou mère. Il semble inconcevable qu'une femme pure puisse être sexuellement excitée par la pornographie et par conséquent elle ne doit pas subir l'indignité d'y être exposée.

Il se peut qu'un homme craigne confusément de ne pouvoir assouvir les désirs sexuels d'une femme que la pornographie a excitée. Il évitera donc cette humiliation si elle ne regarde ou ne lit pas d'œuvres érotiques.

Un homme peut craindre aussi que sa femme soit désabusée et déçue par sa vie sexuelle et les performances de son mari ou partenaire, après avoir assisté sur l'écran aux marathons sexuels d'athlètes pour qui la nature a été généreuse.

On a appris aux femmes que les personnes « bien » ne doivent pas voir ni aimer « ces choses-là ». Par conséquent, beaucoup évitent de prendre connaissance d'œuvres érotiques.

Enfin la supposition que la femme trouve la pornographie répugnante provient sans doute de ce que son mari et elle sont incapables d'avoir un dialogue sexuel franc. Ainsi le mari ne demandera pas à sa femme si elle aimerait l'accompagner pour un film « cochon » et la femme ne peut avouer son désir d'y aller avec lui.

RÉALITÉ

De récentes études ont démontré que la plupart des femmes sont sexuellement excitées par la pornographie. Un article a révélé très peu de différences entre les réactions des hommes et des femmes à la littérature érotique.

Naguère, nos connaissances des réactions féminines aux stimulants érotiques étaient uniquement basées sur leurs réponses à des questions posées par des enquêteurs.

Cependant, depuis quelques années on utilise un nouvel instrument, de la taille d'un thermomètre. Appelé plethysmographe, il est facilement introduit sans douleur dans le vagin. Il peut mesurer, tout à fait objectivement, les signes physiologiques de l'éveil sexuel qui se produisent généralement quand on montre par exemple à la femme un film pornographique (un instrument semblable a été utilisé pour étudier la tumescence du pénis). Après ce genre re spectacle, il se produit un accroissement des activités sexuelles, mais qui ne dure guère.

La femme d'aujourd'hui semble avoir moins d'inhibitions que celle du passé, et n'hésite pas à reconnaître son intérêt pour les choses érotiques. Il y a quelques années encore, on ne voyait aucune femme faire la queue devant les cinémas montrant des films pornographiques. Petit à petit, le nombre ae femmes s'est accru dans le public. Aujourd'hui de nombreux couples vont voir de tels films, surtout si la presse a accepté un film pornographique « pour ses qualités artistiques ». On peut aussi voir des femmes entrer sans honte dans des « sex-shops ».

Beaucoup de livres pornographiques « hard core » sont écrits maintenant pour un public féminin. Un ouvrage traitant de fantasmes sexuels féminins a suscité un tel enthousiasme que son auteur, une femme (Friday), s'est hâtée d'écrire une suite. Le livre a été bientôt traduit en français. De même

102

« Playgirl », l'équivalent féminin de « Playboy », connaît un succès considérable et a déjà été imité un peu partout.

Le mari qui désire voir un film pornographique doit communiquer son intention à sa femme et en parler avec elle, sans honte. Elle doit se sentir libre de l'accompagner ou de le laisser aller seul (dans certains cas, c'est la femme qui aborde la première le sujet), et l'attitude des personnes qui ne veulent pas s'exposer à des œuvres excitantes doit être respectée.

Comme les livres et les films sur des sujets sexuels peuvent exciter une femme, ils sont employés en thérapeutique sexuelle, dans le cas par exemple de femmes frigides. Bien choisis, ils peuvent aussi contribuer à enrichir le répertoire sexuel du couple.

III

MARIJUANA ET SEXUALITE

MYTHE

Les fumeurs de marijuana prétendent souvent qu'en plus de ses autres avantages la drogue accroît leur plaisir sexuel pendant les rapports. Bien des profanes s'imaginent donc qu'ils se privent d'une grande joie sexuelle en ne fumant pas l'« herbe ».

ORIGINE DU MYTHE

Les intoxiqués éprouvent fréquemment le besoin de justifier et d'expliquer leur usage de la drogue. Par conséquent, ils veulent prouver, à eux-même comme aux autres, que cette drogue dont ils usent et abusent présente bien plus d'avantages que d'inconvénients. Ils vous diront que l'alcool dissipe leur dépression, que les narcotiques les détendent, que les somnifères les font bien dormir. Dans la foulée, ils affirment que la marijuana les décontracte et leur procure une plus grande jouissance sexuelle.

RÉALITÉ

Si un individu est convaincu qu'une drogue va lui faire grand bien — sexuellement, par exemple — il se peut qu'elle agisse en ce sens : c'est l'effet du placebo. Tant de gens connaissent maintenant ce terme que certains médecins ont ajouté à leur jargon le nouveau mot d'obecalp (placebo à l'envers) qui, espèrent-ils, ne sera pas compris de leurs patients ! L'intoxiqué peut aussi penser qu'il éprouve plus de plaisir sexuel parce que la marijuana le détend, le délivre de ses inhibitions et déforme son sens du temps.

Aucune étude scientifique n'a démontré que la marijuana améliore le fonctionnement sexuel. Il a été prouvé, en revanche, que la drogue a des effets annexes graves, dans le domaine sexuel. Ainsi, on a constaté que son usage provoque des dommages chromosomiques. Elle semble également causer dans le sang une baisse marquée de la testostérone, hormone mâle.

Vingt jeunes garçons, qui fumaient la drogue au moins quatre fois par semaine depuis six mois, ont été étudiés. On a découvert que la concentration de la testostérone dans leur sang était de près de 50 pour cent inférieure à celle de garçons comparables qui n'utilisaient pas la marijuana. D'autres chercheurs tentent actuellement de répéter cette découverte. Des résultats semblables ont été observés chez des souris, en laboratoire.

A la Jamaïque, 20 pour cent des hommes qui ont fumé de la marijuana pendant au moins cinq ans deviennent impuissants. D'autres rapports indiquent que la production de sperme décroît chez les fumeurs de marijuana et que ceux qui en fument beaucoup et fréquemment ont des problèmes de stérilité.

Enfin, des études récentes semblent révéler que la gynécomastie (accroissement de volume des seins) chez les jeunes garçons pourrait être causée par la marijuana.

VIII. LA SEXUALITE
AU TROISIEME AGE

I

MENOPAUSE ET SEXUALITE

MYTHE

La ménopause marque la fin de la vie sexuelle de la femme.

Une femme persuadée de la véracité de cette idée reçue risque de ne plus vouloir « s'imposer » sexuellement à son partenaire. De plus, se considérer comme une créature asexuée n'est guère propice au plaisir quand le coït se produit. Ainsi une femme peut renoncer à des activités sexuelles qui pourraient lui procurer encore beaucoup de plaisir durant de nombreuses années.

ORIGINE DU MYTHE

Une idée extrêmement répandue veut que l'apparition des premières règles soit en relation avec l'éveil de la sexualité chez les jeunes filles. Pour certains, il paraît donc logique que la cessation des règles marque aussi la fin de la sexualité.

Presque toutes les religions ont toujours considéré la propagation de l'espèce comme le but principal des rapports sexuels. Par conséquent, après la ménopause une femme n'a nul besoin de se livrer à des activités sexuelles puisqu'elle ne peut plus procréer.

De plus notre culture axée sur la jeunesse tend à désexualiser la femme vieillissante en associant constamment la jeunesse et la beauté à la sexualité. Ainsi une femme qui se voit moins séduisante — à cause de son âge — imagine que son partenaire ne peut plus s'intéresser à elle, sexuellement.

La cessation des menstrues est le signe concret que la reproductivité d'une femme est finie. Elle s'aperçoit qu'une période de sa vie est finie et qu'elle en commence une nouvelle. C'est pour certaines une cause de mélancolie et de dépression qui, à leur tour, risquent de les détourner de l'acte sexuel. Autrefois, quand l'espérance de la vie était de moins de 50 ans, la ménopause équivalait à la vieillesse. Aujourd'hui, cependant, la femme peut en moyenne vivre au-delà de 70 ans, et la ménopause est donc bien éloignée de la vieillesse et de la mort.

Dans certains cas, le retour d'âge représente la fin de la vie sexuelle de la femme uniquement parce que son partenaire se désintéresse des activités sexuelles.

Enfin, certaines prennent prétexte de la ménopause et de l'âge pour éviter des rapports sexuels qu'elles n'ont, au fond, jamais appréciés.

Réalité

La ménopause ne marque pas la fin de la vie sexuelle de la femme. La plupart d'entre elles, d'ailleurs, continuent d'avoir des rapports. Il arrive même qu'une femme s'intéresse beaucoup plus aux activités sexuelles après la ménopause (le démon de midi).

Elle peut se sentir sexuellement plus jeune à 55 ans qu'à 20. Elle a plus de liberté, pour elle-même et par conséquent pour des activités sexuelles, puisque ses enfants sont élevés et n'exigent plus tout son temps et son attention. Elle n'a plus besoin de craindre la grossesse, même si au début de la ménopause l'imprégnation demeure possible et, en fait, se produise assez souvent. Enfin, n'ayant plus ses règles elle n'est pas contrainte de supprimer quatre ou cinq jours par mois de sa vie sexuelle.

Une femme qui se sent vieillir, qui voit la vie passer rapidement, peut devenir plus avide que jamais de jouir de tous les plaisirs de l'existence, y compris les plaisirs sexuels. Souvent elle veut prouver qu'elle n'a rien perdu de sa séduction en s'abandonnant à des activités sexuelles accrues avec son mari (la « seconde lune de miel »). Mais elle risque de découvrir que son mari vieillissant ne partage pas ce regain d'enthousiasme. En conséquence, certaines femmes finissent par rechercher de nouveaux partenaires.

Après la ménopause, une femme peut fort bien devenir une meilleure partenaire sexuelle que dans sa jeunesse. Avec les années, elle a pu perdre de nombreuses inhibitions, devenir prête à prendre l'initiative des relations sexuelles et à fournir à son partenaire les indispensables caresses préalables. Il est intéressant de noter que certaines femmes n'ont découvert l'orgasme qu'après la ménopause.

Enfin, pendant la ménopause et après, les femmes ne doivent pas hésiter à parler à leur médecin de leurs problèmes physiques, si elles en ont, et à solliciter son aide. Un traitement hormonal peut contribuer à les soulager de certains troubles de santé causés par la ménopause, allant de l'irritabilité aux bouffées de chaleur en passant par la sécheresse des muqueuses vaginales qui rend le coït douloureux.

II

DESIRS SEXUELS DES PERSONNES AGEES

MYTHE

Le désir sexuel disparaît avec l'âge.
En conséquence, les personnes âgées qui mani-
festent leur affection, qui s'embrassent en public
sont souvent ridiculisées, ou l'objet de plaisanteries.
Quand elles tentent de trouver un partenaire sexuel
on les traite de « sale vieux » ou de « sale vieille »,
on peut même leur conseiller de consulter un psy-
chiatre pour voir « ce qui ne va pas » chez elles.
Quand elles vivent dans des asiles ou des maisons de
retraite elles n'ont pratiquement aucune intimité, et
il y règne une ségrégation sexuelle. De plus, on cher-
che à culpabiliser beaucoup de vieilles gens, lors-
qu'elles persistent dans leurs désirs et activités
sexuelles.

ORIGINE DU MYTHE

Nous avons tendance à idéaliser nos parents et à

ne pouvoir les imaginer se livrant à des activités sexuelles ; cette idée nous est désagréable et nous gêne. Quand nous pensons à la vieillesse, nous voyons aussitôt nos parents et nos grands-parents. Nous n'aimons donc pas reconnaître que les personnes âgées sont des êtres sexuels parce que nous ne voulons pas imaginer nos parents sous ce jour. C'est aussi pourquoi les insultes touchant à la sexualité de nos parents, par exemple « fils de putain, putain de ta mère, bâtard » nous sont aussi offensantes.

Le nombre de veufs et surtout de veuves s'accroît avec le temps. Certains refoulent leurs désirs sexuels. Ils se sentent coupables et arrivent à les considérer comme une forme d'infidélité à la mémoire de leur défunt conjoint.

RÉALITÉ

Les vieilles personnes continuent d'avoir des désirs et à s'intéresser à leur activité sexuelle. Trop souvent, elles sont bridées par l'opprobre général, par le manque d'intimité ou de partenaire.

Elles ont suffisamment de problèmes matériels à affronter, comme la solitude, la santé déclinante ou l'abaissement de leur niveau de vie, sans devoir encore se sentir coupables d'avoir des désirs sexuels. Ces pensées nous accompagnent généralement jusqu'à la fin de la vie et sont difficiles à réprimer. De plus, un refoulement constant peut provoquer de l'angoisse. La personne âgée qui cherche constamment à chasser toute pensée sexuelle peut finir par perdre tout intérêt pour les choses du sexe et abandonner toute activité sexuelle.

Il n'y a pas de moment spécifique, dans la vie, pour cesser de s'intéresser au sexe ou de nourrir des désirs sexuels. Ces pensées sont notre domaine le plus privé et, de plus, elles sont absolument normales. Un sondage effectué parmi 74 hommes d'un âge moyen de 71 ans a révélé que les trois quarts d'entre eux continuaient d'avoir des désirs sexuels. De même les femmes, en vieillissant, continuent d'éprouver de tels désirs.

III

LES RAPPORTS SEXUELS DU TROISIEME AGE

Mythe

Les rapports sexuels sont débilitants et dangereux pour les personnes âgées, en particulier les hommes. On dit que chaque fois on raccourcit sa vie d'une demi-heure ou plus. On peut lire de nombreux récits de vieillards mourant pendant l'acte sexuel, par exemple dans le roman de Maurice Druon, les Grandes Familles.

Il arrive que même des professionnels de la santé croient à ces fables. Ainsi, dans une maison pour personnes âgées, une employée aperçut deux pensionnaires célibataires, un homme et une femme tous deux âgés de plus de 70 ans, se diriger ensemble vers une de leurs chambres. Quelques minutes plus tard, elle alla écouter à la porte et entra soudain, sans frapper. Comme elle l'avait craint, ils étaient en train d'accomplir l'acte sexuel. Alors, de toutes ses forces, elle les sépara impitoyablement. Plus tard, quand on lui demanda les raisons de sa conduite, elle répliqua qu'elle avait été horrifiée par l'indécence de ces personnes, qu'elle avait eu le souci de leur santé et

116

qu'elle était persuadée de les avoir sauvées d'une mort ignominieuse au cours de leurs rapports.

Persuadés eux-même que s'ils veulent vivre long-temps ils ne doivent plus avoir de rapports sexuels, bien des couples âgés renoncent malheureusement à toute vie sexuelle.

ORIGINE DU MYTHE

La vieille fable selon laquelle le sperme est précieux, unique et irremplaçable est encore très répandue. Le sperme est considéré comme un fluide vital, un élixir de vie et sa préservation garantit une longue existence. Ainsi un vieillard peut avoir peur de le dépenser de crainte de mettre sa santé en péril. De même, une femme peut fort bien désirer que son vieux mari ne s'abandonne pas à des activités sexuelles de peur que cela lui fasse du mal et provoque pour elle un veuvage prématuré.

Bien des gens aussi confondent l'agréable sensation de détente et de lassitude suivant l'acte sexuel avec une fatigue déplaisante et croient par conséquent que l'acte sexuel est épuisant.

Enfin, notre société contemporaine est axée sur la jeunesse et la vieillesse est jugée faible et asexuée. Ce message continue d'être vastement propagé par nos média, la télévision en particulier.

Réalité

Des études scientifiques montrent que les rapports sexuels ne sont pas débilitants et que la semence « perdue » est aisément remplacée puisqu'elle continue d'être reproduite à tout âge.

On a rapporté quelques cas de morts de vieillards pendant le coït. La presse en fait grand cas quand cela arrive à de hautes personnalités politiques ou ecclésiastiques. Le plus intéressant, cependant, c'est que dans la majorité de ces cas l'homme est mort dans les bras d'une dame qui n'était pas sa femme.

Pour ce qui est des femmes, il a été prouvé qu'elles sont tout aussi capables d'avoir une vie sexuelle après la ménopause qu'avant.

Les couples âgés qui désirent avoir des rapports sexuels doivent certainement s'y livrer. La faculté orgasmique se maintient avec l'âge, même si son intensité décroît un peu. La fréquence de l'activité sexuelle ne décline que lentement et progressivement. Cependant, l'érection du pénis et la lubrification naturelle du vagin peuvent nécessiter plusieurs minutes de stimulation sensuelle affectueuse et mutuelle.

La femme doit comprendre qu'une érection lente ne signifie pas que son mari ne la trouve plus séduisante mais simplement qu'il vieillit. Si besoin est, une crème peut être utilisée pour pallier une lubrification vaginale moins intense. De plus, elle devra

118

discuter avec son médecin de la prescription d'une hormone sexuelle de remplacement.

Si les partenaires sont patients et compréhensifs, ils peuvent poursuivre longtemps une activité sexuelle satisfaisante, qui accroîtra leur estime mutuelle et leur procurera dans leur vieillesse de longues et heureuses années d'harmonie conjugale.

IX. LES ATTARDES MENTAUX

I

LA SEXUALITE DES ATTARDES MENTAUX

MYTHE

Les attardés mentaux n'ont pas de vie sexuelle. Ils sont différents des êtres normaux, sous tous les rapports, et n'ont qu'un minimum de besoins ou de désirs sexuels, s'ils en ont.

En conséquence, on attend d'eux qu'ils aient une existence plus vertueuse que la plupart des gens normaux.

ORIGINE DU MYTHE

On considère les attardés comme d'éternels enfants. A la campagne, on les appelle encore occasionnellement les « enfants du bon Dieu ». En tant qu'enfants, ils n'ont aucun besoin sexuel et ne devraient pas jouir des droits et privilèges sexuels accordés aux adultes normaux.

Bien des parents, et même des professionnels, estiment qu'ils ont assez de difficultés à faire face aux problèmes quotidiens d'une personne attardée. Ils

123

ne veulent pas songer qu'éventuellement des problèmes complexes devront être affrontés, comme la promiscuité, le planning familial, le mariage ou les maladies vénériennes. Si l'attardé pouvait avoir une vie asexuée, de tels problèmes n'auraient pas à être résolus.

RÉALITÉ

Les attardés mentaux représentent environ 4 pour cent de la population d'un pays, c'est-à-dire une personne sur 25. 95 pour cent d'entre eux vivent en dehors des asiles ou institutions. Ils représentent tous les stades de fonctionnement intellectuel, depuis l'attardé qui a besoin de soins médicaux vingt-quatre heures sur vingt-quatre jusqu'à celui qui sait bien se comporter en société, écrit et lit couramment et n'est pas jugé attardé par la personne moyenne.

Quand le degré de retard mental est grave, il se produit fréquemment un retard du développement sexuel. Cependant, l'immense majorité d'entre eux se situent au niveau le plus élevé et leur développement comme leurs besoins sexuels sont tout à fait semblables à ceux de l'individu normal. Mais quel que soit leur quotient d'intelligence, la plupart des attardés doivent affronter les mêmes problèmes sexuels que la personne normale. La principale différence, pour l'homme, est de trouver une femme qui accepte d'être sa partenaire au lit, ou de l'épouser.

Il n'est pas toujours possible de prédire quel attardé sera capable de fonctionner seul. Nombreux sont ceux, abrités de tout soit chez eux soit dans des institutions, qui mûrissent éventuellement et parviennent à fonctionner plus ou moins indépendamment au sein de la société.

Un comportement sexuel acceptable est une des exigences de la vie en société. Si l'attardé a été « endoctriné » dans ce domaine, il pourra prendre les décisions nécessaires quand il s'agira de fréquenter une femme, de s'exprimer sexuellement et dans tout ce qui concerne la conception, la contraception et le mariage. Ainsi, il aura une meilleure chance de s'adapter et de mener une vie aussi normale que possible.

Parfois les attardés attirent l'attention de la police, par des manifestations d'exhibitionnisme ou de masturbation publique. La plupart d'entre eux se font prendre alors qu'un individu d'une intelligence normale éviterait l'arrestation. De plus, de nombreux attardés sont sexuellement victimes de personnes « normales » mais lorsque cela se produit la presse n'en parle généralement pas.

II

RETARD MENTAL ET FECONDITE

MYTHE

Les attardés mentaux ne peuvent avoir d'enfants ; il est donc inutile de s'inquiéter de grossesses possibles. Ainsi, les parents d'une jeune attardée n'ont pas besoin de la « préparer » à la contraception ou à l'éducation des enfants.

Ce mythe se retrouve même dans la loi. Par exemple, jusqu'à ces derniers temps, l'Etat de Californie avait des lois autorisant la stérilisation des individus mentalement attardés. Chose curieuse et intéressante, la loi ne s'appliquait pas aux « individus mâles de bas-niveau » parce qu'il était entendu qu'ils étaient d'une intelligence trop faible pour se livrer à des rapports sexuels ou pour être féconds.

ORIGINE DU MYTHE

Les gens s'imaginent que si quelque chose ne va pas, dans l'intellect d'un attardé, alors tout le reste va mal, mentalement et physiquement. Etant si dif-

126

férent, par tous les aspects, de la personne normale il n'est pas jugé capable d'une fonction normale telle que la reproduction.

Certains parents essayent de se persuader que leur enfant — généralement leur fille — ne peut avoir d'enfants. Ils tentent ainsi d'apaiser leur crainte qu'elle puisse engendrer un enfant — pire, un enfant attardé — qui deviendrait pour eux un fardeau.

RÉALITÉ

Bien au contraire, beaucoup d'attardés sont féconds. Même les femmes présentant le syndrome de Down (mongolisme) sont capables d'avoir des enfants, alors que jusqu'à présent on ne connaît avec certitude aucun cas d'homme souffrant du syndrome de Down qui ait pu être père.

Joséphine était une enfant de treize ans qui vivait dans le pavillon des enfants d'un hôpital psychiatrique. Elle était gravement attardée, physiquement difforme et ne pouvait prononcer que quelques mots. Elle souffrait d'une contraction des jambes qui étaient repliées, croisées et serrées contre son abdomen, l'empêchant ainsi de marcher. Elle souffrait aussi d'incontinence et l'infirmière avait énormément de mal à atteindre sa région pelvienne pour la nettoyer. Ni le personnel de l'hôpital ni ses parents ne pouvaient imaginer Joséphine se livrant à une activité sexuelle. Ses parents l'emmenèrent chez eux pour un bref séjour à Noël. Un jour ils allèrent faire des courses et la laissèrent seule à la maison... et elle devint enceinte.

En général, le taux de reproduction des attardés mentaux est plus bas que celui des êtres normaux. Cela est dû, peut-être en partie, au fait qu'un certain nombre de ces attardés vivent dans des institutions où ils n'ont guère l'occasion de se livrer à des activités sexuelles. Il faut dire aussi que les hommes attardés ont du mal à trouver une femme ou une partenaire sexuelle. D'autre part, les attardées ont en moyenne le même nombre d'enfants que les femmes d'une intelligence normale. Cependant, le risque de retard mental est plus grand chez les enfants de parents attardés : 40 pour cent si le père et la mère sont attardés, 15 pour cent si un seul des deux l'est et 1 pour cent s'ils ne le sont ni l'un ni l'autre.

Cela posé, les parents et les médecins ne doivent pas oublier que l'attardé est généralement fécond et se livre souvent à des activités sexuelles. Par conséquent leur devoir est d'envisager la possibilité de la contraception et de préparer l'adolescent, garçon ou fille, en vue du jour où le mariage et la procréation devront être affrontés.

III

EDUCATION SEXUELLE
DES ATTARDES MENTAUX

MYTHE

Dans l'ensemble on ne peut rien apprendre aux attardés, et tenter de leur enseigner la sexualité est non seulement difficile mais c'est aussi une perte de temps. Si l'on y tient, il faut le faire le plus tard possible, pour qu'ils aient de meilleures chances de comprendre.

Les parents répugnent à parler de menstruation, de conception et de contraception. En conséquence, de nombreuses filles attardées ne sont pas préparées à l'apparition de leurs premières règles ; pis encore, d'autres seront victimes de grossesses non désirées. Les parents éprouvent plus de difficultés encore à veiller à l'éducation sexuelle de garçons qui, en principe, « n'ont pas besoin de ça ».

ORIGINE DU MYTHE

Fréquemment, les parents laissés à eux-mêmes ne

savent pas comment enseigner les réalités sexuelles naturelles à leurs enfants normaux. Le problème s'aggrave quand ils ont affaire à un enfant attardé. Bien souvent, ils ne savent à qui s'adresser pour se faire aider. Ils s'aperçoivent, à de rares exceptions près, que les ouvrages consacrés au retard mental ne leur sont guère utiles car ils évitent soigneusement toutes les questions sujettes à controverse concernant l'éducation sexuelle des attardés.

Voici ce que l'on peut lire dans un ouvrage sur l'éducation d'un enfant mongolien : « Pour de nombreux attardés mentaux, les problèmes sexuels sont très graves. Nous n'avons découvert aucun livre important consacré à ce sujet. » Cependant l'auteur lui-même fait exactement la même chose que la plupart de ses confrères à l'égard des problèmes sexuels de l'attardé : il ne les traite pas.

Dans certains cas, les parents ont peur d'éveiller les sens de leur enfant en abordant son éducation sexuelle.

RÉALITÉ

Les réalités sexuelles de la vie et un comportement adéquat doivent être enseignés à l'attardé d'une manière adaptée à son développement intellectuel et social. Même les enfants les plus attardés peuvent apprendre à avoir un comportement sexuel acceptable, s'il leur est enseigné par une personne compréhensive, patiente, prévenante et qui connaît bien son sujet.

X. LA THERAPEUTIQUE SEXUELLE

CLINIQUES DE THERAPEUTIQUE SEXUELLE

MYTHE

Toutes les cliniques de thérapeutique sexuelle sont semblables. Elles contraignent leurs clients à se prêter à des activités sexuelles dégradantes devant un public critique. Elles insèrent de grandes caméras dans les parois vaginales de leurs patientes.

En conséquence, les personnes qui pourraient bénéficier d'une thérapeutique sexuelle n'osent pas se rendre dans ces cliniques.

ORIGINE DU MYTHE

Les gens ont tendance à confondre recherche et traitement, en tout ce qui concerne les désordres sexuels.

Les premiers travaux sur les désordres sexuels (appelés aussi dysfonctions) ont été effectués au Centre de recherche sexuelle de Masters et Johnson.

Ces chercheurs utilisaient effectivement des glaces sans tain pour observer les activités sexuelles des volontaires acceptant de participer à leurs études. Ils employaient aussi une caméra intravaginale en forme de pénis.

Actuellement, les instruments utilisés pour la recherche sexuelle servent à mesurer l'afflux sanguin dans le vagin ou la tumescence du pénis durant l'éveil sexuel.

Ces études ont fait l'objet de nombreux compte-rendus exhaustifs dans la presse, à la radio, à la télévision et dans les livres. A l'occasion, certaines personnes peuvent projeter leurs propres fantasmes sexuels dans ce qu'elles imaginent qu'il se passe dans les cliniques de thérapeutique sexuelle, par exemple être obligé d'avoir des relations sexuelles avec des partenaires séduisants et sexuellement expérimentés.

Les gens qui souffrent de désordres sexuels et ont besoin d'être soignés répugnent souvent à le faire. Ils ont honte, ils sont gênés d'en parler à d'autres, même à des spécialistes. Leur comportement sexuel leur apparaît comme une activité personnelle intime. Ils se cherchent des excuses en incriminant les pratiques sexuelles supposées des cliniques.

RÉALITÉ

Une clinique de thérapeutique sexuelle normale n'utilise pas d'instruments de recherche sur ses clients. On prend soin de respecter la timidité et la

pudeur naturelles des couples. On prescrit des
« exercices » sexuels à faire à la maison, que l'on discute auparavant avec les conjoints. Ils ne devront
pas les accomplir devant des tiers mais seuls, dans
l'intimité de leur propre chambre. Ils devront ensuite
faire à leurs médecins un rapport sur leurs activités
sexuelles.

Toutes les cliniques ne se ressemblent pas. Dans
certaines, les médecins procèdent à un examen sexo-
logique des clients. Ailleurs, on préfère que cet examen soit pratiqué par le médecin personnel.

Presque partout le couple est confié à deux praticiens, un homme et une femme. Mais parfois il
n'y en a qu'un. La thérapeutique de groupe a aussi
été tentée, avec plusieurs patients souffrant d'un
même problème. Cela a été fait pour les femmes anorgasmiques ainsi que pour les éjaculateurs précoces.

Toutes ces méthodes donnent d'excellents résultats, quand les praticiens sont bien expérimentés et
que le couple tient sincèrement à surmonter ses difficultés sexuelles.

TABLE DES MATIÈRES

ACHEVÉ   D'IMPRIMER
SUR LES PRESSES
DE L'IMPRIMERIE S. E. G.
33, RUE BÉRANGER, A
CHATILLON-SOUS-BAGNEUX

Dépôt légal : 1er trimestre 1977
Numéro d'imprimeur : 292